上海书香 35个样本

汪耀华 主编

上海三联书店

序 言

◆ 李 爽

美好的文字是有思想的

美好的文字是有力量的

美好的文字是有安慰的

美好的文字是有灵魂的

将这样的美好传递与赋予更多的读者与受众是每一家有责任感的书店责无旁贷的使命。

上海作为全国出版重镇，自开埠以来一直是中国的出版中心，汇聚着众多的优秀文化资源。

近年来，上海图书销售行业在时代大潮中锐意改革、不断创新，推出了众多兼具传承与创新，重形象更重品质的内涵更丰富有影响力的书店。

他们不仅仅服务上海，更是通过连锁、加盟等多种形式走出上海、传递书香、传播文化，营造美好生活，以实际行动与卓有成效彰显行业力量。以图书为核心，将红色文化、江南文化，海派文化有机融合，创新生动有趣的表现形式，助力打造文化自信自强的"书香上海"的样本。

经过近些年的不断发展，涌现了上海书香在外埠众多样本。

这次，上海市书刊发行行业协会联合上海钟书实业有限公司、上海三联书店有限公司、上海世纪朵云文化发展有限公司、上海大隐书局有限公司、新华文创·光的空间以上海品牌实体书店在外埠设立的书店为基础点开展"上海书香N个样本"征文，邀集当地媒体人、作家、书店同事等以所在书店为话题撰文，展现书香上海的城市精神，助力打造文化自信自强上海样本。

征文活动共收到35家书店的42篇投稿，经过初评，有35篇自2024年4月1日起在"上海书展"公众号、IPSHANGHAI、"上海市书刊发行行业协会"陆续刊发。35篇征文分别代表了35家书店，包括上海钟书实业有限公司23篇、上海三联书店有限公司5篇、上海世纪朵云文化发展有限公司3篇、上海大隐书局有限公司3篇、新华文创·光的空间1篇。

征文覆盖北京、广东、四川、宁夏、重庆、吉林等全国14个省、直辖市的23个城市，既有远在西北银川的上海三联书店、钟书阁，西南的朵云书院、钟书阁、上海三联书店，东北的钟书阁，也有开在高速公路嘉兴服务区的新华文创·光的空间，以及近些年在江浙沪异军突起的大隐书局。

征文展现的这35家书店，最早的是2016年4月23开店的钟书阁杭州店，最新的是2024年2月6日开业的钟书阁徐州店。这些书店的装修风格都充分展示现代而前卫，如开店最多的钟书阁，将每座城市的文化特色和底蕴融入到当地书店的空间设计中，钟书阁徐州店将汉风的细节藏匿于现代元素中，从书架到书屿将楚风汉韵融为一身；钟书阁北京麒麟新天地店以长城为设计语言打造儿童馆，鳞次栉比的烽火台仿卡通版的长城，主通道一个个到顶的圆形立柱书架结合顶部的玻璃反射、其间点缀的圆形灯具，像树林里的月亮，打造成了一片"长城脚下的白桦林"；钟书阁重庆中迪广场店融合了山城的爬坡上坎的地形，用一步一阶梯连接书架，故有了"8D魔幻"的美称……钟书阁的一些分店都被誉为当地的"最美书店"、有些还获得了全国"最美书店"的称号。这些书店不仅空间大气、舒适，而且陈列风格、书品专业，令人流连忘返。

这些征文从书店的经营特色、装修风格等方面展现了书店的魅力，体现出上海书业遍地开花、书香洋溢，树立了一个又一个文化自信自强的上海样本。

现在，将这些征文汇集成书，以飨读者。

愿上海城市因书香而更加美好，愿书香飘满城市与乡村的每一个角落。愿上海书业永远保持美善，不断前行。

是为序。

（2024年4月25日）

目 录

钟书阁杭州滨江星光店：
梦幻的书籍森林

◆ 文／田信博　图／钟书阁

钟书阁杭州滨江星光店入口

由于工作的原因，我经常到杭州出差。提到杭州滨江区，很多人都会联想到阿里巴巴、网易等等一大批高科技企业，他们形成巨大的电子商务、智慧互联以及智慧安防等网络信息技术产业群，在这个区域拥有 50 多家上市公司，年产值超千亿，他们是杭州的名片，同时滨江区也被认为是浙江资本的第一区。

在这前沿技术云集的核心区内，却坐落着一家梦幻的书店，让在这里忙碌的人们能够享受片刻宁静的阅读空间和体会文化交流的乐趣，它就是钟书阁杭州滨江星光店。

钟书阁杭州滨江星光店位于滨江的星光大道，自 2016 年开业到现在，作为杭州网红书店的鼻祖，其荣获过 2017 年意大利 A'Design ward 设计金奖、2016 年美国《室内设计》Best of year 最佳书店空间等大奖。

虽然经历了客流量的下滑，但也沉淀出了真正爱书的人。现在来钟书阁看书对我来说，已经不是一项打卡活动，而是成为了一种习惯。每次来到这里，无论多匆忙我都要进去看看，这次也不例外。杭州钟书阁也是实体书店的逆行者，在电子图书、新兴媒介的强大冲击下，大量的实体书店处在经营困难濒临倒闭的边缘，而钟书阁坚持着自己信仰，用自己行动为其他书店树立榜样，带领他们一起努力为杭州城的市民提供一些阅读空间。杭州钟书阁用自己的行动体现了一个城市的文化追求，这在充满了商业气息的核心区域内显得难能可贵。

这家书店整体空间被划分成 4 个区域，分别为环幕阅读大厅、森林阅读区、阅读长廊、儿童馆。书架被做成一根根散落在大厅内的柱子模样，呼应这家店的"森林"主题，显得很灵动。

被书本装饰的顶天立地的"大树"

进入钟书阁，大门入口处是书店的"森林阅读区"，陈列着各类热门图书，像通俗易懂适合小朋友的"不白吃漫画"之《吃透中国史》和以动画电影的形式呈现的以"诗仙"李白、"诗圣"杜甫、"诗佛"王维为代表的大唐诗人画像，通过经典诗词带领读者领略盛唐诗意之美和文化之美。

站在阅读区内向上眺望，那一根根被书本装饰的顶天立地的"大树"散发着知识的光芒、洗涤着读者的心灵。当人们从一根根由书架构成的白色"森林"间穿过，柱子上星星点点的灯光会全部亮起，有一种乾坤颠倒，步入梦幻森林的感觉。这时我停下脚步，看到很多市民在精心挑选自己心仪的著作，有的依靠在书架旁略带沉思地阅读；有的端坐在"森林"间的沙发上畅读；还有的点了一份店里的咖啡和甜点，遨游于知识的海洋中，我想此刻无论他们生活或工作中有再多的困惑和烦恼都已烟消云散。

如果只是一个人，可以选择明亮靠窗的排座，相对静谧的空间能让你更快地沉静下来，享受阅读的快乐。

再往里走，来到了"环幕阅读大厅"，整面环形包围的书墙，布满了各类书籍，分为人文社科、投资理财、西方哲学、企业管理、宗教及历史类等。店内天花板上铺满了玻璃装饰，在其作用下，二百多平方米的阅读大厅无限延伸，像

由书架构成的白色"森林"

巨大的环幕阅读大厅全景和局部图

是通向了天空的最高处，地上摆满书架，天上也摆满书架，仿佛在说书海无涯，唯有努力学习。

在这个环幕阅读大厅，书店也会定期邀请名家和专业人士，走进钟书阁与读者分享知识。名人及作家也钟情钟书阁的美，喜欢带着自己的作品来钟书阁现场签售书籍，与读者现场互动。

继续前行，映入眼帘的是最富想象力的童书区域，书籍游乐场主体极具童话色彩，里面有旋转木马、小火车、热气球等

脑洞新书发布会

梦幻的童书馆

童书馆

各种不同造型。这些既是装饰，也是特制的书架，俨然是一个充满梦幻的童书馆。

在这里陈列着《和豆豆姐姐一起读》《小青蛙读书》《四季童话》等有趣的童书。小朋友可以找到自己喜欢的读物，在这活泼的氛围里，感受阅读的乐趣。

童书馆脚下的地板藏有玄机，是用星系图绘制而成的，父母可以和孩子一起通过找一找来了解星系知识。

对于每一个人而言，成长是贯穿一生的事情，可以通过阅读，学会跟自己相处，回到自己的内心，找到真正的生命力量。正如莎士比亚所说，生活里没有书籍，就好像没有阳光，智慧里没有书籍，就好像鸟儿没有翅膀。

虽然现在是寒冬，但杭州城依然是大美之地，寒风再凛冽也改变不了杭州的生机勃发、绿意盎然的景色。我们都说高楼林立、车水马龙塑造不了一座城市的气质，城市的气质更需要分布在城市各个角落的文化载体来体现。钟书阁杭州滨江星光店就是这样的文化载体，本着"为好书找读者，为读者找好书"的理念，选择做自己心目中的最美书店，努力成为每一位读者的精神陪伴，默默塑造城市的内涵和气质。

钟书阁杭州滨江星光店

地址：杭州市滨江星光大道国际广场 4 幢 205 号

公司名称：杭州钟书图书有限公司

开业时间：2016 年 4 月 23 日

店铺面积：1396 平方米

员工人数：12 人

营业时间：10:00—22:00

联系电话：0571-88003279，13968129147

钟书阁扬州店：
精神的栖居地

◆ 文／廖子蕙　图／钟书阁

钟书阁扬州店门头图

扬州是一个拥有 2500 年历史的城市，应水而生。水，万物滋生的摇篮，更是文化孕育的温床，过往熙攘文人骚客应水指引来此一聚，更是才子佳人厚爱的地方。2016 年，钟书阁也被这个天灵地杰的地方吸引而来。所以，来扬州肯定要去看一看被誉为最美书店的钟书阁。

扬州钟书阁位于风景秀丽的古城核心珍园街区，当推开书店的正门，一道摆满书籍的长廊牢牢锁住读者的目光，设计师利用拱桥的概念延续了钟书阁书天书地的视觉符号，地面与天空中的河流铿锵前行，引领着读者深入畅游更加浩瀚的知识海洋。

两边的书架用优美的弧线结构拉伸天际线的形状，宛如溪流之上的桥梁，搭建着人与书籍之间的心灵桥梁，也意在构建起人与书籍之间的纽带，让读者在书与书之间，寻找自己的精

文学长廊

神依托。

感谢店里的小姐姐带着我逛了一圈书店。钟书阁扬州店占地 1000 平方米，分为三大块：刚进门的文学长廊在曲线、灯光的修饰下，宛如一条知识的星河，引领读者探寻书籍之美。文学长廊，顾名思义，这里的书都是以文学小说类为主，两侧书架分别是国内文学和国外文学，用分类牌细分了品类，找起书来十分方便。中间的平展台上则放着各类的畅销书和推荐新书，小船一样的平展台就像停泊在水面上一样，漫步在文学长廊，真的给人遨游在知识的海洋之感。

长廊右手边是阅读休息区，设计师通过研究拱桥与河流之间的联系，从而得到了一个上下镜像的空间关系，利用各种拱形来连接各个区域，让每一位读者进入这个空间的时候能够充分地感受到书籍给我们带来的震撼力，加上柔和的灯光所带来的神秘感，会让读者不由自主地想起桥下的波光粼粼，心情平

阅读休息区远观

咖啡吧台

和地享受阅读所带来的快乐。

社科、历史、艺术、生活类书籍环绕着精致的桌椅，空气中弥漫着淡淡的香味，好一个书香、茶香、咖啡香兼得。

在这样的环境下看书，慢慢地会让人忘记时间的流逝，沉浸在书的世界里，相比充斥着大量没有营养的短视频世界，这里就成了爱书之人的精神栖息地。

长廊左手边为儿童绘本馆，为了顺应孩子天真烂漫的天性，书架被做成了可拆解移动的玩具形式。墙上的书架底部都可以自由分离出来并同时兼顾摆书台的功能，当需要场地活动时，它们又可以移回墙面归位到书架里，合成一个城市的街景图案。

钟书阁融入了扬州的街景文化，通过五彩缤纷的颜色来活跃整个空间。当孩子进入这个空间的时候，就像来到了一个卡通版的扬州。地面是整幅世界地图，屋顶是浩瀚的璀璨星空，孩子们在此无忧无虑地看书，可以说，小小的世界在孕育大大

儿童馆

扬州专区

的梦想。

钟书阁扬州店还专门开设扬州主题书籍专区，陈列着很多扬州本土线装古籍图书。对于外地游客们来说，这里也是一个了解扬州的窗口。

扬州店是钟书阁在上海之外的第二家、在江苏的第一家分店。选中扬州，应该是看中扬州深厚的文化底蕴。扬州是一个具有深厚文化底蕴的历史名城，钟书阁是时尚海派的象征，扬州文化和海派文化的联姻，催生了文化艺术形式和理念的更加多元和繁荣。

扬州自古以来就是一个文化之地，钟书阁的开业也给扬城注入了新的活力，店内聚集了喜爱非遗与传统文化的人们。这里不仅提供了一个交流分享读书心得的场所，而且也提供了一个学习传统文化的平台。店内会组织读书宣讲会、传统非遗手工体验等活动，这对扬州当地文化的弘扬起到了促进作用。

文化自信的认同感，常常能让人在迷惘时找到答案。每当我觉得在漫漫人生道路上困惑时，再抬头时，已只身来到钟书阁，或阅读片刻，或与人交流。"三人行必有我师"，不论是与书中文字的精神交流，还是书外与友人的语言对话，都会让我觉得受益匪浅，豁然开朗。

漫步在书店内，听着店内轻柔的音乐，人也慢慢地忘记了时间，内心的繁杂、生活中的烦恼也在这一瞬间消失了。有时，我也会带着一个观察者的身份，悄悄看看是不是有人和我挑中一样的书。看着他阅读时一瞬间面露喜色的神情，那一刻仿佛自己的喜好也得到了认可。书在此刻便化为了精神纽带，让人趋之向往，将人们聚集在了此处。

慢慢地走过书架，每本书都安安静静在那里，在等待有缘的人将自己领走。临走前想挑一本书送给自己，最后选中了毛姆的《月亮与六便士》。明天起又得去和生活对线了，只有阅读是随身携带的避难所，书店是精神的栖息地。

店中陈列的畅销书

钟书阁扬州店

地址：扬州市广陵区文昌中路492号

公司名称：扬州市广陵钟书文化传媒有限公司

开业时间：2016年7月8日

店铺面积：1000平方米

员工人数：8人

营业时间：9:00—21:00（冬季：9:00—20:00）

联系方式：0514-87115582

钟书阁成都店：
竹林与梯田的艺术

◆ 文/洪碧渭　图/钟书阁

书店的玻璃幕墙

梯田演讲厅

"万里桥西一草堂，百花潭水即沧浪。"这是大诗人杜甫对成都的温润记忆，诸如百花潭、草堂等历史文化韵味十足的地名传承至今。

寻找一个城市的文化标签，那就一定要去寻找当地的书店。

2019 年，我在成都邂逅了钟书阁。那是在繁忙商业区里的一块让人沉静下来的地方。来到钟书阁坐落的银泰中心，一路都是品牌店，各种商业的气氛浓浓的，直到乘一路电梯上到四楼，"钟书阁"的匾额映入眼帘，才让人不自觉地想进去看一看。

这是一个乍见之欢的书店，每一个爱书人都会被它丰富的藏书所震撼，又惊讶于它独特的空间设计。

比如说，在钟书阁的最深处是它独具特色的梯田演讲厅，不仅结合了四川的当地特色，而且让人仿佛置身于一个张开的温暖怀抱中。每一个爱书人都可以在它的一个个"竹型书架"上轻轻拂过，找到一本自己心仪的书籍，坐在全落地窗边，品上一杯芳香的清茶，享受午后温暖的阳光。我当然也不例外。

如果读书累了，我会站起身，顺着阳光，穿过"竹林"的右侧，就是一个热带雨林般的儿童馆，一个丛林乐园般的童话世界。墙面是一座座成都特色的建筑，风车和可爱的熊猫仿佛隐藏竹林的背后，但还能从另一个视觉角度清晰可见。地面是一条绵延不断的休息栈道，栈道上跳跃着一朵朵的"大蘑菇"，好像要为每一个在下面坐着阅读的小朋友撑起一把保护伞。每次在钟书阁驻足，我都能看到有很多爸妈们带着孩子在里面享受美好的亲子阅读时光。孩子们有的趴着，有的端坐着，有的两人

童话世界般的儿童馆

各拉着书的一边，真的是每一个姿势都是一种独特的阅读打开方式，都是一次不一样的阅读旅程。

小朋友们在这个童话般的世界中，不仅可以放松地趴着看童话，坐着看绘本，还能蹦蹦跳跳地演绎故事里的角色，甚至穿梭在各种熊猫特色的书架之间捉迷藏，真的是让人流连忘返。

远观儿童馆

这里不只是孩子们的阅读天堂，更是让我保持童心、呵护好奇心的地方，意义非凡。

据钟书阁成都店的店长说，这可是钟书阁的西南首店，室内设计上延续了钟书阁"高颜值"、空间感的特征，天花板铺上镜子，空间、静物、人在一系列对称和变幻中，充满了炫丽的魔幻色彩。字幕玻璃幕墙是每一间钟书阁都会运用的元素，玻璃上写满了来自各种语言的经典文学片段、金句。

成都店的外墙，运用了不少成都元素，你可以看到宽窄巷子、川剧脸谱、熊猫，成都话也穿插其中，无不令人备感亲切，也让五湖四海的朋友备感惊喜。

而这让人心旷神怡的设计来自国际著名的设计师李想女士，一直秉承的"用空间来诠释设计"的理念，让她有很多新奇的思想，钟书阁就是她颇具代表性的作品。或许将当地特色融入设计还不是最前卫的，然而，再将书籍加入这个独特而前卫的空间就是大胆的。随着络绎不绝的读者们来到这里，文化和知识就在不断地被这个空间承载，空间又在文化和知识的浸润下升华。

这个理念依托钟书阁，在西南地区大放异彩，引领了当地

文学长廊

书店的改头换面。后来紧随的几何书店、新山书屋以及当地的一些品牌书店都开始汲取这个理念，在自身得到突破的同时，共同推动了实体书店行业的更新与迭代。

在丰富的图书资源和舒适的阅读环境中，书店还在墙上有序地挂满了艺术作品，天花板上垂坠下独特的文化海报，这些点缀都在营造一个阅读和工作的文化空间，为文化延续照亮燎原的光芒。据说书店还曾邀请过全国知名作家和学者进行读书分享和讲座，为读者们带来更多的知识和乐趣。

在互联网不断发展的时代，电商平台汹涌，网络购书成为

围城咖啡阅读区　　　　　　　　文创展示区

低价、便捷的代名词，夺走了大部分实体书店的市场；手机和电子阅读工具的盛行也进一步吞噬着人们的传统阅读习惯。

在这样的背景下，单纯售卖图书的传统书店较难适应时代的发展需求；而融合设计、环境、功能、产品、活动、文化、服务等，包含多重功能的复合型书店成为吸引顾客停留乃至于消费的精神归所和打卡圣地。作为成功转型的复合型书店，被誉为"中国最美书店"的钟书阁就是这样独特的存在，而且还以"一店一特色"的形式，辐射全国，影响行业。

钟书阁成都店，不仅是一个提供图书的商业空间，更是一处难得的文化风景。在这里，人们不仅可以满足阅读的需求，还能参与各种文化活动，感受书香文化的魅力，在忙碌的都市生活中找到一丝悠闲与惬意。这样一家书店，无疑成为了城市中一盏散发着文化之光的明灯，吸引着越来越多的文化爱好者前来品味书香。

钟书阁成都店

地址：成都高新区天府大道北段 1199 号 L421、L422

公司名称：四川钟书文化传播有限公司

开业时间：2017 年 6 月 6 日

店铺面积：1326 平方米

员工人数：15 人

营业时间：10:00—22:00

联系人：杨虹 15280901095

钟书阁苏州店：
纯净且绚烂，温暖与安定的阅读天堂

◆ 文 / 吴云　图 / 钟书阁

　　钟书阁是一个独立书店品牌，成立于上海松江，2017 年入驻苏州苏悦广场。

　　作为具有全国示范带动性的品牌民营实体书店，连锁而不复制是钟书阁最大的特点，每家店独有的气质与当地的人文气

书店仿佛是一座水晶圣殿

韵完美融合，将当地的人文脉络梳理进空间规划中。苏州店将奇幻的梦境写入新生的金鸡湖畔，带来萤火虫洞和彩虹山谷的奇幻瑰丽。

钟书阁苏州店占地 1350 平方米，拥有图书 3 万余册，整体书店设计打破了对于苏州古色古香的传统单一印象，为读者交出了一份充满想象与创新的答卷，时尚与潮流的汇聚、色彩与材质的碰撞，赋予其流光溢彩的外观。

钟书阁苏州店的外观由透明的玻璃构成，灯光映射其中，

入口处当季主推活动展台

侧边主通道展台

文创品牌创意展

主题图书陈列区

萤火虫洞

如冰山雪洞般晶莹透明、璀璨欲滴，仿佛巧夺天工的水晶圣殿，立方体造型层层累积，似寒冰一般璀璨生辉。映入眼帘的是一座洁白的水晶圣殿，它象征着读书的纯净与无瑕。

迈入水晶圣殿，入口的展台有当季的主推活动海报，四周的书架上则以科技、潮流、流行图书为主，让读者一进门就能被吸引眼球。

走过通透光明的水晶圣殿，马上走进一个幽邃黑暗的世界，但它并不是一片漆黑，从上而下有数千根光纤就像萤火虫一样环绕四周，我们称之为"萤火虫洞"。美轮美奂的变色灯光，吸引了无数读者在此拍照打卡，这里摆放的主要是钟书阁的自营书籍。

萤火虫洞的小隔间曾是书店与苏州工业园区湖西社工委联合打造的"党政书房",集中陈列了党政类书籍,是一个以服务为核心,面向老、中、青群体的党建基地,开展过多场"红色学习"主题的读书活动,受到了周边党组织和党员的欢迎,同时也受到读者的认可。

穿过虫洞便是流光溢彩的"彩虹山谷"。风雨过后见彩虹,便是人们对于生活的美好希冀。我们用透明的彩色亚克力制造出彩虹长廊,灯光映射其中,折射出七色的光晕,仿佛雨后的彩虹。走在彩虹长廊中,周身被包裹进唯美的梦境中,仿佛即将踏入神秘的仙境。彩虹区是我们的主要阅读区。

在彩虹区的入口是咖啡区,静谧的午后,一本书,一杯咖啡,让人沉浸在书的世界。吧台展示着最近的活动资讯、季节新品、小食甜点,香甜的味道引诱着每一位老饕的味蕾。精选的创意文创小物也在这个区域,虽然不多,但小而精的选品思路能让很多消费者挑选到中意的礼品。

彩虹山谷咖啡文创区

彩虹山谷元素:悬崖(右侧书架)、浅滩(木地板阶梯)、岛屿(白色展台)、激流(浏览动线模拟)、山谷(彩虹另一侧)

彩虹的一侧是书籍的山谷，两者相映成趣，仿佛夏日山野的美景。它是抽象过的山水，有悬崖、有山谷、有激流、有浅滩、有岛屿和绿洲，是一个符合中国人理想的桃花源，一个爱书人共有的秘密花园。山谷中容纳着海量的藏书，连身处层层递进的阶梯中也被书籍所包裹着。可以三三两两地结伴在山谷之中分享阅读乐趣，也可以隐身在彩虹缝隙中享受一个人的阅读时光。

大冰《啊 2.0》签售会（彩虹前段）

世界读书日《核心守护者》发布会（彩虹中段山谷区）

头马·苏州俱乐部年会（彩虹后段）　　江一燕《在时光里流浪》读者见面会
（彩虹后段）

悬崖：文学图书墙，一整面的书架按地区依次陈列了世界各地文学家们的著作。峡谷：黑色半高书架上，悬疑、心理、历史、社科、艺术类书顺着延绵的小路分门别类陈列，而对面的白色展台，就是各自品类对应的畅销图书陈列区，也是臆想中的岛屿。而化作激流的人们，在需要休息的时候，还可以坐在那浅滩（台阶）上小憩，随性而坐，随想而读。偶尔，在峡谷里，还会有人声传来，那可能是一位才华横溢的作家，在与他的知音们畅聊理想；也可能是一位热爱中国文化的国际友人在分享生活；更有可能是一群志同道合的朋友在这里读同一本书。

彩虹的尽头也是大型活动的主会场，浪花冲开岛屿，读者因为同样的兴趣、同样的爱好在这里汇集，这里举办过新书分享会、电影分享会、演讲俱乐部派对，还有艺术学校的招生指导专场，各色各样，丰富多彩。

彩虹的缝隙是充满趣味的"一个人的阅读角"，隐身其中，

童心城堡儿童绘本活动

街景远观,彩虹绚烂

再无旁人打扰,皆是悠然自在。借景远方的海关大钟楼,静静看着时间的流淌,这一刻,周遭四围都安静了,仿佛离开了喧嚣的都市,进入只属于一个人的世界。

走过彩虹山谷便踏入了童心城堡,这座半透明的城堡仿佛童话故事中的水晶球。城堡的中心是浩瀚的星空,星空下面则是知识的海洋。城堡里还有大小不一的小屋,家长和孩子可以在里面享受亲子的乐趣。孩子们在这个充满童心的世界里尽情欢乐、无忧无虑地成长，同时也会在浩瀚的书海中汲取知识，成为一生取之不竭的财富。儿童绘本、少儿读物应有尽有，还有各色各样的活动，让小朋友们流连忘返。

钟书阁苏州店即将迈入第七个年头，不断地结交新读者，服务老读者，渐渐地，在这座文化古城的百姓心中，成为了看书买书的好去处。不仅如此，七年里承接活动几千余场，每年服务二十余万人次，秉持着创始人金浩先生的理念"为读者找好书，为好书找读者"，将阅读推广拓展到社区、学校、图书馆、企业中。

活动一直是书店经营的特色，除了作家分享会、读书会等，也曾和苏州书法协会合作新年写春联、和市图书馆合作"你选书，我买单"等全民互动型活动。作为钟书阁第一家尝试盲选盲买图书活动的门店，这个别出心裁的活动一经推出就广受读者好评，不仅仅在钟书阁全国门店进行了普及，还受到苏州市民卡公司的邀请，将特色活动扩大，为广大市民量身定制了专属的"盲选书"。

这些年里，每一次从活动对接，到活动落实，我接触到全国各地不同的同行老师，不仅开阔了我的视野，增强了我的能力，也丰富了我的阅历。每一次活动的成功落地，都是成功推广阅读的过程，虽然一个人、一群人，或者是一家店的能力是有限的，但是多推荐一本好书，多拓展一名读者，就是为阅读推广尽了一份力量。

书店不仅为爱书人营造出触手可及的天堂，也为行色匆匆的路人点亮一盏明灯。偶尔从街角望去，便能惊喜地看到苏悦广场三楼那一道神奇绚烂的彩虹。隐约可见，有人在窗边沉浸于书籍的世界里，这一刻他不再被经纶世务所烦扰。这道彩虹，将是我们告别忙碌喧嚣的明灯。

钟书阁苏州店

地址：苏州市工业园区苏州大道西 119 号苏悦广场南楼 3 楼

公司名称：扬州市广陵钟书文化传媒有限公司苏州分公司

开业时间：2017 年 7 月 13 日

店铺面积：1350 平方米

员工人数：12 人

营业时间：10:00—21:00

联系人：吴云 13402595176

钟书阁无锡店：
一个美丽的误会，两个书香缘

◆ 文 / 刘智慧　图 / 钟书阁 刘智慧

书店门头

无锡市中山路上的红豆万花城，外墙巨幅红豆男装的广告很扎眼。走上三楼，抬眼看到钟书阁的门店，晶莹剔透宝石般的感觉，让人如同正燥热中喝了一口冰饮，心情敞亮了起来。

"钟书阁"的店招是繁体的，古朴的气息扑面而来。不禁想起经常以繁体名字示人的文学大家钱锺书。问店员，是否有读者问钟书阁是来源于钱锺书？

店员笑着说：太多问的了。

也不要怪无锡的读者。钱锺书是无锡人，故居又距离这里不到一公里。自然在无锡人心目中，"钟书"第一反应是钱大家。而且无锡市在各区打造了一百多个公共阅读空间"钟书房"，命名确实是源自钱锺书。

而钟书阁的这位"钟书"姓金，出身上海。是一位父亲以女儿的名字创业起家的。在全国开出的门店包括加盟店如今已有四十多家，且每家店都以颜值取胜，都有独具匠心的设计，获得多个"最美书店"的称号。

此"钟书"遇到彼"钟书"，都是"钟情于书"，是一个书香缘，给了读者一个美丽的误会。

钟书阁无锡店一进门就是曲径回廊式的"书院街"，柜架、摊台、旋盘上书册琳琅满目。"书院街"名字源自附近的一条书院弄。2017 年钟书阁来无锡选址时，看中的就是商场前的支路为书院弄。这种相遇又是一个"书香缘"，既提示着无锡老城的厚重历史存在，又隐含着书店向无锡的人文背景深深致敬的姿态。"书院街"摆满了各种文创，其中有很多是自有品牌。有一个粉色包袋上印有"假装文青"，很有趣。

"书院街"左侧是推荐书区和收银台、餐饮吧台，销售有咖啡、茶、简餐等，右侧是雅致的"水晶阁"和简约的书亭（因为书店的特殊 U 形结构，入门看到的书亭被店员称为前书亭，

后书亭在"曲径通幽"的深处）。

　　"水晶阁"的屋顶造型是一本打开倒放的书，仿佛向下面的读者灌输知识，又仿佛是在呵护读者，让读者安心阅读。这里陈列销售的都是"钟书"自版书。上海的家长和学生都熟知并认可"钟书"品牌的教辅书。在江苏，教材不同，教辅书不匹配。书店很聪明地推介多个系列的"学生必读书"，从书封颜色上能看出每个系列都有一二十个品种。由于是自版书，成本低。书店宣传板上写着"买二送一，买五送三"，部分图书直接五折销售，这对家长很有吸引力。毕竟很多书都是国学、文学经典书，版本的内容差异不大。

　　往前走的前书亭主要陈列世界名著、茅盾文学奖、诺贝尔

自版书促销力度大

书店前书亭

文学奖等畅销书，也有一些科普、漫画和青春文学的书，是大众读者通常爱翻阅的品种。可能因为这天是周一，又是阴雨天，

钟书阁无锡店·阁中阁

书店的经营范围

提供书单定制

亭内少有读者。

店员说，因为商场三楼这个楼层大多是教育机构，晚上和周末读者会多一些。

走到书院街的尽头，右拐是"阁中阁"，是一个独立的阅读活动区，空间很大。色调上相比"水晶阁"的璀璨、书亭的轻盈，这里要庄重一些，书架色彩比较暗。里面桌椅摆放整齐，严阵以待。店员说，有一场活动即将在这里举办，是单位包场的。这里最多能容纳七八十位读者坐下来。

看到"阁中阁"门口醒目的标牌上写着"经营范围"：图书的零售、批发与馆配；书卡的零售与批发；场地租赁、活动承办；婚纱摄影基地；文化类合作营销；亲子阅读基地；团建、党建基地；生日派对策划；茶话会、商务谈判集中地……

看来，书店，不能只用来销售图书、文创、咖啡，还是要多发挥场地功能，如此美丽的空间设计要用在更广泛的用途上，否则书店的维持太难了。

另一个标牌上显示，书店还提供书单定制（包括企业书单、个人书单）。原来书店从 2017 年开业以来，选书团队已先后为近百家企事业单位、政府机关、团体组织及个人提供图书定制服务。

再往里走，是无锡店的首创——"私书斋"，巧妙地利用旋转书架隔出的一个个小空间，犹如一个个静谧的私人书斋。

店员说经常有读者点好饮料，在里面一待一天。其中有一个感人的故事。一个中年全职妈妈，陪同女儿来这里做功课，女儿备战高考，她备战建造师资格证。每天母女一起埋头书海，

私书斋

童书院

背水一战。后来双双获得好成绩。母亲又来这里独自备考高一级的证书，也考出来了。第三次又来备考更高一级的证书。她对店员说，这里是她的福地。

在店里兜兜转转，发现这样的"私书斋"竟然有多处，书架的附近也随地都有可落座阅读的椅子。真大气的书店啊，给读者打造这么好的阅读空间。

店员是一位"七零后"的小姐姐，她说从开业就来这里工作，已经八年多了。很喜欢这个环境。有一些读者让她很感动。有一位老先生，每周都来，每次来都待很久，从来都不空手走，总会选三五本书。连续多年如此。

据悉，书店有2万余种书籍。随手从书架上拿起杨绛先生的《我们仨》，想起先生记录她和钱锺书一直喜欢从图书馆抱着一摞摞书回来，乐滋滋地看。若他们泉下有知，知道当下有如此安静、雅致的阅读环境，肯定很欣慰的。

不经意间，在书店的一个隐蔽的角落发现一个门，原来是通往"童书院"，有种"龙猫"树洞的感觉，高低起伏的书架围合出一块区域，地面是展开的世界地图，孩子们可以席地而坐，读书变得自在无比。可以亲子阅读，书架底部是如山石般玲珑的"好奇洞穴"，配合拾级而上的台阶，孩子们看书累了还可以玩捉迷藏。围栏上的生动形象有跳绳、滚铁圈、抽陀螺、顶牛等，配文非常打动人：我们无锡人小时候就玩这个！

这样，这里不仅可以让儿童纵情恣意，也可让家长重温少年时光。

据店员说，很多家长喜欢把孩子扔在这里，自己出去办事，把这里当作寄放地。

　　书店里有"阁"、有"亭"、有"街"、有"院"，还有很多可落座歇脚喝茶或者品咖啡的"斋"，这是何等大气的布置！钟书阁的美不仅体现在传递了上海的海纳百川，也体现在对所在城市文脉的尊重！值得读书人经常过来体味一番。

钟书阁无锡店

地址：无锡市梁溪区中山路 531 号 3 楼 309

公司名称：无锡钟书文化发展有限公司

开业时间：2017 年 7 月 31 日

店铺面积：1250 平方米

员工人数：8 人

营业时间：9:30—21:30

联系方式：0510-82719916

钟书阁西安店：
自带天堂属性的阅读圣地

◆ 文 / 杨为民　图 / 钟书阁

书的殿堂

在 2018 年这个火热的七月，历时 600 天的设计与施工，使用了 300 吨钢材，布置了 3 万米灯带，被称作"中国最美书店"的钟书阁西安店正式落户西安未央区，在西安打造了一处自带天堂属性的阅读圣地，为古城西安增添了一抹诗意的风采！

钟书阁西安店，用白云作为主题，表达出一种特别的对历史和地域的敬意，为西安读者营建一个如梦一般的云中天堂。

巴别塔——通往天堂的高塔

创意设计 颜值惊人

走进钟书阁，仿佛置身于云端一样，纯净、洁白，是带给每位读者的第一印象。先是旋转的楼梯直通云顶，螺旋而上的

公共阅读区

悬浮展厅（重点图书推荐区域）

圣殿

童书馆一面

童书馆一角

远观童书馆

一片白色，犹如《圣经》中的巴别塔，四周环绕的文化书墙，也给人强烈的艺术冲击感。每一处看似独立而又充满了统一性，引导爱书或者猎奇的人们步入云中书店。

书店的基本空间由重点图书推荐区和公共阅读区组成。

在公共阅读区，书店挑战了书架的传统类型和材料，首次用5mm厚的钢板来定制曲线书架，电脑辅助设计与创新材料让概念变成了现实。自由流动的曲线勾勒的书架共总十层，充分利用了空间的各个角落，圆润的倒角让空间无一处尖角，背板是通体发光的透光亚克力。重点图书推荐区是用纤细的螺杆悬吊三角形的钢板，上面陈列的图书仿佛飘浮在空气中。这一系列的设计让读者恍如在云中漫步，在云间阅读。

公共阅读区的中央是圣殿，层层拱券的中心，在楼板结构梁的中央矗立着一座精致的展架，这就是钟书阁的"每月一书"。仿佛水面的楼板下隐藏的空间可以举办读书会或者会议，一个思想和灵魂得以焕发光辉的圣殿。圣殿的立面是拱券的抽象，暗藏的帷幕一旦降落，即是沉静心灵的天堂深处。

天堂有别于人间，除了如梦如幻的白云，还需要传奇神话和童话故事。

钟书阁的童书馆是一座隐匿在森林之中的水晶构筑物，灵感来源于爱丽丝漫游仙境的梦境世界，九色鹿的树木与动物剪影保护着背后的儿童的天使乐园。孩子们可以自己寻到隐秘的入口，发现一个温暖丰富的世界，它暗藏了可供嬉戏的机关与洞穴，也有着此起彼伏的建筑天际线，蔚蓝的天空和可以俯瞰的星空。这里是孩子们自己的世界。

云中天堂 与书为伴

书店，是处于现实和思想间的媒介。它不像图书馆严肃安

静，也没有闹市区繁华喧扰。在书店里有人手捧小说缓缓踱步；楼梯上，小朋友沉浸在绘本的世界里；偶尔会听到，一两句交谈声轻轻地从拐角处传来……

整个空间明亮而宽敞，细节处则讲究到极致，连一本书如何摆放貌似都有了精确的设计。这里除了可以看书、买书，也提供餐饮服务，点一杯咖啡坐下细细品味，也是很不错的。

阅读区布满书店各个角落、窗边、过道里，你总能找到自己喜欢的位置，即使再不爱看书的人来到这里也会不由自主地被感染，静下心来看书。还有书的摆放和归置，很多悬挂的书，连孩子都能轻松拿到，知识似乎也变得唾手可得。

徜徉在这里，有一种如云中穿梭的感受，屋顶、墙面、地面全部是白色的，如梦似幻，干净素雅又不失新奇。面积大，书籍多，除了文具区，基本没有图书以外花哨的衍生品，是良心书店该有的样子。

这是西安古都的巴别塔，通往天堂的图书馆，行云流水的书架，神话传奇与童话故事打造的圣殿与城堡，构成了钟书阁西安店梦幻的极致空间。

这个最白的书店装满了自古而今的有温度的各种灵魂，有着自由纯洁的思想、回忆和期望，你若留心，总会找到除了书本之外的惊喜，这便是只属于自己的秘境。

体验下来，感觉钟书阁在打造"连锁不复制"的同时，也给传统书店传递了一种变革的信息。书店曾经只是买书购书之所，然而随着时代的发展、生活的进步，书店早已超越了购书的范围，而成为复合型的城市休闲、心灵栖息之地。新时代、新模式、新业态、新逻辑……传统书店的商业模式被打破了，实体书店在不断探索与尝试，试图在书店新的生命力中找到新的增长空间。

只要有利于带动全社会的阅读氛围，变革总归是好事。

钟书阁西安店

地址：陕西省西安市未央区明光路72号亚趣文化广场五楼

公司名称：陕西钟书图书文化传播有限公司

开业时间：2018年7月8日

店铺面积：2400平方米

员工人数：8人

营业时间：9:00—21:00

联系方式：18966755076

钟书阁重庆中迪广场店：
在雾都的朝暮江声中，与你阅山读城

◆ 文 / 王彦力　图 / 钟书阁

　　每个人的心中都有一个书店的模样，就像一千个读者心里有一千个哈姆雷特。每个城市都有一方点亮阅读的栖息地，在重庆，于我而言，钟书阁重庆中迪广场店是点亮了我的栖息地。提起它，大部分人的印象是"最美书店"，络绎不绝的读者排队去打卡拍照。有人赞叹它设计的精妙，有人觉得只是镜子的倒影。

　　钟书阁重庆中迪广场店从 2019 年 1 月 25 日开业，就成为重庆市九龙坡区一家深受读者喜欢的书店，乘坐轨道交通 2 号线至杨家坪站 B 出口就能到达。因春季的花开延绵轨道交通 2 号线，列车两旁围绕着粉色的花海，这趟车也被誉为"开往春天的列车"，成为春日一道风景线。轨道交通 2 号线到达李子坝轻轨站的时候，由于是从一栋居民楼穿梭而过，轻轨穿楼这

门外的玻璃墙以及牌匾

灯形书架，点亮阅读

一景象也吸引着广大游客。杨家坪站的下一站是住着渝可、渝爱等小熊猫的动物园站。春日的花海、轻轨穿楼的不可思议、"8D 魔幻"的钟书阁、小朋友快乐天地的动物园，让重庆轨道交通 2 号线成为了很多游客来重庆的一条游玩线路。钟书阁重庆中迪广场店也成为周边住户周末带娃看书的好去处。

钟书阁重庆中迪广场店拥有 1400 平方米的营业面积，藏书 7 万余册，共设 6 个场馆，分为上下两层。虽然每一家钟书阁都是独一无二的设计，会根据它坐落的城市而设计，融入当地的文化特色，但每家店都会保留钟书阁的牌匾和玻璃墙的设计。

重庆店融合了山城的爬坡上坎的地形，如果说"书籍是人类进步的阶梯"，社科区域则用一步一阶梯连接了每个书架，故有了"8D 魔幻"的美称；推荐区域应用了灯罩的形式，寓意用阅读点亮这座城市；文学区的书架设计宛如时光隧道，穿梭于不同年代的作家作品；重庆不仅有黄色法拉利，还有开往春天的列车，艺术区的设计如轻轨的模样，一辆驶于书海的列车。

三楼分布了文创、推荐区域、漫画以及文学和少儿区域。

进门是琳琅满目的文创以及以"情有独钟，书香人间"为背板的收银台，蕴含了钟书阁的意义。抬头是镜面屋顶的设计，倒影里是进入书店的读者以及书架，书架很近也很远，增添视觉体验感。作为阅读搭档，手绘书签、金属书签、纸质书签各有各的美，各有各的特色。位于山城，当然少不了重庆本地的文创，各式各样洪崖洞、解放碑、长江索道、九宫格火锅、小面元素的冰箱贴和钥匙扣以及拼插立体画，可以作为伴手礼，

收银台背景墙

重庆元素的文创

也可以记录我们旅行的脚印。

在它旁边的是关于重庆文化的书籍，这样的陈列也很细心，让外地的游客不仅了解到了重庆的文化，也看到重庆的特色。多巴胺色系的帆布袋，装入自己喜欢的书籍，让你打包回家也

在雾都的朝暮江声中，与你阅山读城

是一种满足感。

文创周围是各个区域的图书，有新书和推荐区域。可以实时看到最新出版的书籍，按照国家或者内容进行划分，板块陈列，几乎每本书都贴心地额外塑封了一本样书，不仅保护了书籍，也满足了读者阅读的需求。书荒的时候看看他们的排行榜也是不错的选择。

有一次刚巧遇到店员在更换书籍，询问后，了解到他们会

根据当月读者的购买数据统计排名靠前的书籍登上下一个月的排行榜，这样的陈列也是书店与读者的连接，留下了读者选择的足迹。

收银台两边，以推荐区域为延伸，一边为少儿区一边为文学区。

少儿区应用了不规则的异形书架和鲜艳可爱的墙纸增添了活力。按照年龄段的图书陈列方式让每个小朋友都能找到自己的小天地，周末也会看到不少家长带着小朋友过来看书，享受亲子阅读时光。区域内还增加了一些小朋友的文创，拼图以及华容道成为了小朋友们的聚集地。粉色公主系的小礼盒前总会吸引一些可爱的小公主拉住父母的衣角。

在文学区里，悬疑、科幻类作了单独陈列，也是喜欢悬疑科幻读者的福音。展台的陈列也在一直更新，每次去都能找到一本好奇而又满意的书籍。文学的时光隧道基本是每转一个弯都会让人忍不住发出惊叹，用时间轴划分国内文学和国外文学，按照作者的国家、年龄作为陈列逻辑。爱意在书架滋长，杨绛先生旁边是她的锺书，小波旁边也有李银河并排依偎。

穿过文学区或少儿区域就是一步一阶梯、一梯一书架的社科区。层高9米的设计，加上天花板的倒影，仿佛置身魔幻空间。分类指示牌让各个分类一目了然，一整面的国学经典，阶梯连接着每个书架，每一次停留驻足，都是一场书与海的邂逅。如果你想看看不一样的书店设计，这个区域可以让你眼前一亮；如果你想找一本社科类的书籍，这些书架里也有你想要的那一本。这样的楼梯设计，也让很多读者称呼它为"哈利波特书店"。

属于小朋友的快乐天地

勒是山城的爬坡上坎

咖啡与书

生活无解，喝杯拿铁

最让我难忘的是一整面的国学经典，整齐饱满的陈列不禁让人感叹书山书海的魅力。

社科区域，不仅贯通了三楼的区域也连接了四楼的空间，

艺术列车：前方到达建筑设计区域

向上是生活区和艺术区，以及充满咖啡香味的咖啡吧台。生活区域包裹着咖啡桌，每个灯形书架里都是一个独立的分类，置身这里，可以点一杯咖啡，挑选一本喜欢的书，坐下感受一下书香人间。

咖啡区域拥有多种选择，不仅有咖啡还有软饮以及茶的选

择，在季节更替的时候，店里也会上新当季新品、时宜的果茶系列，即使不爱喝咖啡，也会有多种选择。

艺术区一眼望去，列车视觉的设计，仿佛已经乘上可以"穿楼"的轻轨，一场找寻书籍的列车，有各个艺术家的画集画册、不同风格的绘画技巧、别具风格的建筑设计、你不知道的电影常识。找到后方可到站下车观看。

"汉字之美"主题陈列

在这里，可以感受书海的浩瀚，享受一个人宁静的惬意时光。一杯咖啡一本书一个下午足矣。每一个转角以及抬眼处，都有新的闪光点，悬疑区里有"排除一切不可能的，剩下的即使再不可能，那也是真相"；文学里有"吹灭读书灯，一身都是月"；分岔的社科有"时间永远分岔，通向无数未来"。

也许这就是文字的魅力，在某个抬眸的时刻共情。每个月都会有店员做的主题，或为当下的热点，或为当下的节日，或为店员自己的头脑风暴。他们善选书，善发现不一样的美。有"失落的书""流浪的知识""找不到工作的一年，应该如何是好？""汉字之美""这些书，没有'本书纯属虚构'"。

文字照亮每一个深爱阅读的人，书店也有很多温暖的小故事。有位老人是店里的常客，每次来发现有想看的书就会自己拆一本新的书籍，满意后放进自己携带的塑料口袋里或帆布口袋里，不怕重地继续挑书，最后一起来结账。店员曾温和地告知老人：有需要的话告知我们给您拆封，您想要购买的书籍帮您放收银台去。闲聊后，老人告知住在附近，觉得店里的书很齐全很喜欢，但是腿脚不方便，每个月只能来一次。店员告知如果有想购买的书可以说书名，给老人送去家里。老人却坚持说自己来，这样也可以走一走。以至于后来老人每一次来，店员会打招呼："您来啦！""有一段时间没来啦，是最近身体不舒服吗？""您回家慢点哦！"还赠送了他帆布袋，比塑料袋方便一点。阅读连接着书店与读者，照亮了爱书惜书的人，这样的小故事还有很多。

希望这家店可以长久立足于山城，每一盏点亮阅读的灯可以照亮更多的读者。愿大家停下来不仅只是拍照，也可以为一本书而驻足。

钟书阁重庆中迪广场店

地址：重庆市九龙坡区杨正街 68 号中迪广场 3—4 楼

公司名称：重庆钟书阁文化传播有限公司

开业时间：2019 年 1 月 25 日

店铺面积：1400 平方米

员工人数：15 人

营业时间：10:00—22:00

联系方式：023-68520067

钟书阁武汉群光广场店：
楚天悠阔书香长

◆ 文 / 李东阳　图 / 钟书阁

钟书阁武汉店门面，踏步就是书香的世界

如果在武汉游玩，不妨来看一看位处群光广场的钟书阁。

　　钟书阁是一家连锁书店，它也不只是一家书店。每一家钟书阁，都更像是当地的一处人文景观。

　　钟书阁的名字是很好听的，爱书的阁楼，藏书的阁楼。来到门前，看到"钟书阁"三个大字，就能给人一种宁静的感觉：在喧闹快活的广场里，一踏脚，就进入了另一个世界。

　　走进店里，首先映入眼帘的就是挺直入顶的书架、琳琅满目的书籍。书店的空间并不是简单地以立方体呈现，而是有很多高低错落的台阶。这是有意为之的设计：一方面，武汉作为九省通衢，路径交织、江河纵横，为了体现出武汉店的地理特色，融合当地文化，钟书阁特别请来设计师，巧思出了一种九曲通衢、河流婉转的格局——供人行走的地面，如同白玉闪耀的河道；而高低错落的台阶，就像是跃动不息的奔流，配合着特别的船形书架，走在店里，仿佛走在一个微缩的武汉城，体验别样的文化之旅；另一方面，这些台阶也为前来看书的人们提供了坐着阅读的方便，不再需要另外的设置，阅读与游览就这么有机地结合在了一起。而别出心裁的镜面天花板设计，也让整个店里的空间感大大提升，有一种"楚天悠阔"的感觉。

　　如果说武汉店的美，蕴含着融入当地文化的各种细节，那一二层划分区域的构造，则展现出钟书阁推广阅读文化的决心。文学、历史、科学……一楼是面向青年人的窗口。走上二楼，左边就是儿童阅读区域。为了配合儿童喜动热闹的性格，这里的设计十分简洁，书架较为集中，避免过多拐角容易磕碰。不仅如此，为了方便年龄更小的孩子们的阅读需求，这里还特别开辟出了一片较为安静的亲子阅读空间。各类绘本及幼儿启蒙图书在波浪和船桨状的书架上有序摆放，仿佛知识的海洋里等待提取的宝藏。家长们尽可以带着自己的孩子在这里安静阅读。

二楼的右边则是专业书籍的区域。不管是衣食住行，还是经济、艺术的理论，抑或备受关注的教育类书籍，还有不可或缺的红色思想……都可以在这一片区域找到。

当然，为了推广全民阅读的目标，武汉店并不局限于售卖当下热门书籍，很多较为冷门的高质量书籍也可以在这里找到。我看书的口味算是比较偏的，往往更喜欢一些较为冷门、具有作者个人风格的作品。在钟书阁的武汉店里，我遇到了诸如 R.H. 托尼的《平等》、索科洛夫的《愚人学校》、塞耳彭的《塞耳彭自然史》等等让我欣喜的书籍。记得有一次，我遇见一个小读者，她在找一本出版年份已经不算新的《岛屿书》，走了几个书店都没有看见，最后终于在钟书阁找到，兴高采烈地买了回去。所以对我来说，钟书阁也算是小众书籍爱好者的天堂了。

拥有"最美书店"名号的钟书阁入驻武汉，自然是一个让人悦目娱心的新闻事件。由于钟书阁的选址接近大学，开业后来这里逛店打卡买书的大学生络绎不绝，不仅更加丰富了文化氛围，聚集的人们也使得当地的文化生态多了一个锚点，可以向更广远的地方辐射文化影响。而武汉店围绕融入当地文化、推动当地文化发展的目标，并不只体现在被动的书籍售卖上。实际上，武汉店一直在积极与当地文化产业谋求合作，举办各种活动，力图产生文化影响。比如书店与当地出版社合作，专

一楼内景，不仅加强了书店的空间感，也更体现出"阁"的感觉

亲子阅读空间，方便家长与幼儿读者共同阅读

不仅是一座书城，更是为全民提供生活服务的空间

门设置出一块区域，用于宣传当地诗人、作家的书籍，也经常邀请本土作家举行文化沙龙、签售会，帮助本土作家更好地"走出去"。不只如此，武汉店还积极与学校进行沟通，举行各类推广阅读的活动，比如邀请小朋友们在家长陪同下来店里进行"小小图书管理员"的体验，参与书籍的管理，了解跟书及书店有关的各种知识，培养孩子对书以及阅读的兴趣。此类活动反响颇佳，已有小朋友在欢乐之余，产生了"长大开书店"的念头。如此，文化的种子种下，终有一天会长成参天的大树。

不管是老人、青年人、儿童、幼儿，每一类人群都可以在武汉店找到自己想要的书。不管是性格安静或者热闹，喜欢阅读还是散心，希望学习或者休息，武汉店都可以满足需求。

一直以来，钟书阁的目标都不是成为让人"浅尝辄止"的书店，而是要成为能带动当地文化的人文景点。秉承着这个目标，武汉店自开业以来，一直注意"融入"和"推动"这两个要求，如今也已确实成为武汉文化风景的一部分。运营了十年的钟书阁，成功在武汉开枝散叶。如果说文化素养是更深层的"美"，那么武汉店，就是的的确确继承了钟书阁作为"最美书店"的荣誉，并且怀着希望与信心，朝着更远的路途锐意进取，与其他各地的钟书阁一起，为融入当地文化、推动当地文化发展这个共同的目标而努力。

钟书阁武汉群光广场店

地址：武汉群光广场二馆 3—4 楼

公司名称：武汉钟一阁文化传播有限公司

开业时间：2019 年 5 月 18 日

店铺面积：700 平方米

员工人数：11 人

营业时间：10:00—21:30

联系方式：027-87513077，13100600688

钟书阁融科店：
向来痴，从此醉

◆ 文／路志强　图／钟书阁

　　博尔赫斯说："如果有天堂，我希望是图书馆的样子。"我想，书店也可以的。

　　图书馆去得少，书店却耽溺日久。读书虽不多，于逛书店

钟书阁融科店正门入口

一事，却向来痴迷。最近几年常去的是住家附近的钟书阁，很多时候，只是习惯使然，去转一圈，喝杯咖啡；当遇到一本心仪已久的书，也是书非买不能读的时候。有它陪伴着在四季时光中流转，与自己一起慢慢在岁月中沉潜，神魂颠倒。

2019年6月22日，在北京海淀区中关村，钟书阁成立了北京第一家门店。门店面积虽然不大，但是却分为楼上、楼下两层，设计师在保留了"钟书阁"标志性的玻璃文字幕墙、镜面吊顶设计、独树一帜的室内构造之外，结合北京京剧艺术特色，通过空间的巧妙整合，融合古典与现代元素，营造出既高雅又富有科技感的氛围。

从融科天地高高的扶梯下来，前行就可以看到钟书阁融科店，首先映入眼帘的是写有"钟书阁"三个隶书大字，古朴厚重的匾额；进门可以从书架的镂空处仰望阁楼，蜿蜒的楼梯结构和回环的走廊搭配成一个中国结的造型，不仅给人一种赏心悦目的观感，还有新颖设计带来的视觉震撼，极大地勾起人们的好奇心和向上攀登的冲动。再前行几步，就可以看到一楼天花板的镜面吊顶设计，在你不经意的抬头瞬间，可以感受到折射的空间给予的透视震撼，有种穿梭于深邃宇宙里的感觉。

进门的入口处，陈列着重点新书以及畅销图书，这里也是我驻足最多的地方，在这里可以感受到最新的阅读动向。向右走，是空间独立的童书馆，这里是孩子们的天堂与乐园，色彩丰富的七巧板组成的墙面，充满童趣。

借鉴北京当地的文化特色而形成的四四方方的书架，像独门独户的四合院，让你带着孩子在书架上挑选书籍时，仿佛穿

钟书阁融科店现代文学展架

钟书阁融科店
一楼图书平台

梭在院落深处，又仿佛遨游宇宙之间。也可以不必买书，在童书馆的台阶高处，有拆开的、品类丰富的试读本，你可以带着孩子找一处角落，在轻柔的音乐中，安静地读一本书，享受一段静谧的亲子时光。

伴随书本陈列的还有孩子们的益智类玩具，还有奥特曼、毛绒玩具的陪伴，让这里童趣横生，童意盎然。

如果进门向左走，沿着楼梯向上，会看到依次排列的六个图书平台，每个平台上根据图书类别或出版社陈列着不同的书籍。这里的楼梯台阶高低不一，顺着楼梯向上，我们就走进了设计别具一格的阁楼。这里的楼梯蜿蜒曲折，让人有一种步履维艰的感觉，等你小心翼翼地迈步到高处，回头望过去，会有一种瞬间被拉扯进神奇魔幻空间的错觉之中，像爱丽丝的漫游奇境，像哈利波特的梦幻城堡，感受视觉震撼的冲击，让你往返现实与梦境，留恋真实与虚幻。

二楼的图书分为文学和社科两大类，屏风式的书架结构，让你可以更加直观地选购心仪的图书，尤其随着独立书架的开合、转折，将完整的空间切割成和而不同、或大或小的空间，组成环绕迂回的走廊，于转角处拾一本书，邂逅不期而遇的美，享受文字带给你的精神抚慰，让你真正体会在书林中穿梭的曼妙和乐趣。

　　更大的乐趣莫过于在书架的转角处，可以看到各种京剧脸谱雕塑座椅。赏京剧脸谱，感叹中国文化的渊博和魅力，这也是对北京文化的致敬，它总能够以夸张的神色、顽皮的神态，从不同角度注视着你，你可以亲切地和它拥抱，坐在专门制作的凳子上与它一起拍照、打卡留念。

　　二楼还是文创类商品的主要售卖场所，其中包括北京特色的兔儿爷，造型可爱的羊驼，琳琅满目的拼装音乐盒，还有钟书阁自有文创的冰箱贴和明信片，你可以在明信片上给家人或朋友写一段温馨的话语，然后盖上钟书阁的特色印章，连同打卡的乐趣一起邮寄给他们。

　　同时钟书阁也会不定期举办图书阅读分享会、作家新书发布会等活动，在感受浓烈的文艺气息的同时，积极地参与到文化艺术的传播中来，包括书店之夜、地坛书市等大型户外活动，也能够看到钟书阁的身影。

　　人生能做的选择本就不多，很庆幸钟书阁为我多提供了一个选项。使得我一得闲就往这里跑，看有没有上架什么新书，在这里找个座位，点一杯咖啡，用文字埋葬一天的光阴。

　　尤其当我看到同样来到钟书阁的人们，看到人们初见到这

钟书阁融科店剧本杀活动展示　　　　　　　　　　　　　　　　　钟书阁融科店内景

里建筑风格的惊奇和赞叹，看到人们在这里遇到一本图书的乍见之欢，看到人们沉浸在文字海洋里阅读的静默之美，看到喝杯茶水度过下午时光的宁静恬淡，看到孩子们在这里游玩的欣喜和悦动，看到人们买到自己心仪图书的窃喜和满足，看到钟书阁给人们带来的便利和乐趣，由衷地感受到岁月如初的温馨和谐和美好。

　　我想这就是书店的意义所在吧，在钢筋水泥里，在车马奔腾中，使我懂得，当你烦躁郁闷的时候，不仅可以通过去公园漫步来排解舒缓，也可以到钟书阁找一本书和文字倾吐一番；懂得当朋友一起的时候，不仅可以大街吹风当作消遣，来钟书阁小坐一会儿喝一杯咖啡，也可以是彼此的一段美好的回忆；当你想要学习奋进却因找不到一个舒适安静的场所而懈怠推脱时，还有钟书阁这座港湾，在为你停留守候。

逛钟书阁的时候，在留言墙上读到一段读者的寄语："钟"爱一人，"书"写一生，"阁"中有你，为一场梦。

让我看到了读者对钟书阁的热情和喜爱，读者的往来和驻足，也让我由衷地感受到了：要守护住书本的简，笔墨的香，文艺的美，生活的宁，心性的纯，灵魂的真。

钟书阁融科店

地址：北京市海淀区科学院南路 2 号院融科咨询中心 B 座 B1-B2 层

公司名称：北京金钟书文化传媒有限公司

开业时间：2019 年 6 月 22 日

店铺面积：660 平方米

员工人数：13

营业时间：10:00—22:00

联系方式：010-6255 5002

钟书阁都江堰店之美

◆ 文 / 李平　图 / 钟书阁

　　书店，作为城市中一个小小单元，很可能被林立高楼藏入错综复杂的水泥褶皱中，被骄傲的霓虹隐没在流光溢彩的华丽披风下。

　　当然，书店作为城市中一个小小单元，也作为公共文化空间的一分子，它也可以释放巨大的能量。那些在营业前就等待进店的渴望，那些快打烊了依然恋恋不舍的眼睛，那些手捧着图书读着读着就在嘴角绽放的微笑，那些专注的读写记录，那些手指轻划书页的依偎着的彼此分享，那些满怀热情的远道而来……终会汇集在一起，让更多人，通过书店，彼此连接，互相影响、互相鼓舞、互相温暖。这就是书店的力量！

　　2020 年，上海钟书阁在中国西南地区的都江堰开店了。这个门店，曾获得意大利 A'Design 设计奖金奖、Architizer

店内旋转楼梯

A+Awards 商业类零售空间设计大奖、成都市最美书店等国内外的多项荣誉。毫无疑问，都江堰的钟书阁是绝美的。

细细说来，都江堰的钟书阁之美主要体现在三个方面：空间设计、产品结构以及其提供的相关服务。

我们先来说说空间设计。它有鳞次栉比的书架，仿佛是一座又一座高耸着的书山；它有船形平展台，静默地停在由光影打造出的波光粼粼的大厅；它的镜面天花板映射着空间的虚虚实实；它的拱形门洞连绵起伏，将穿梭其中的人们通过阅读彼此连接；它巍峨的旋转楼梯，表达着人类对都江堰水利工程、对大自然的敬畏之情……

自开业以来，各种社交媒体上经常能看到像魔法森林一样的书店的照片。然而，让人沉浸其中的不仅仅是书店中央的柱子，因为整个书店的结构就像一个魔法迷宫。钟书阁都江堰店所构建的魔法迷宫，依赖于那些堆满书籍的墙壁。这些书墙将整个书店的前厅和客厅通过视觉屏障，产生了极强的纵深感。

人的视线都被人为地截断，同时还被书墙的弧度扭曲了空间的直觉方位。随处可见的镜面反射又将前面所产生这种错位和扭曲放大了。因此，一个魔法迷宫就形成了。在大量的文学作品当中，魔法是一种知识，而知识的载体就是书，因此，魔法迷宫一般的书店恰好地驾驭了这些文化元素。

都江堰这座城市，以秀丽山水而著称，它丰厚而温情。来到都江堰的钟书阁书店，被城市的丰厚和温情包裹着，自然一脉相承，书店采用端景的设计手法，把都江堰这座城市中的生

文学区

咖啡区

动景观都浓缩到了小小的店内。这是对这个城市文化的重申，更是对这个城市文化的致敬！

我们来谈谈都江堰钟书阁书店的产品结构情况。在书店1200平方米的室内空间中，按照不同的功能，做了区域划分。包括：图书区、文创区、活动区、餐饮区、阅读区。各类产品按照清晰明确的分类，放置在各自适宜的位置。

陈列《背影》

有关"海"的
文学作品陈列

　　书店有专业的采购团队，他们科学地整合数据信息，与各出版社、供应商密切沟通联系，从源头上保障了产品的优质。在陈列中，常见各类主题陈列，活泼有趣又引人思考，激发着人们想要深入了解各类主题文化和仔细阅读相关图书的兴趣。

　　关于都江堰钟书阁的服务，实在有太多让人喜爱的地方。我看到过，一位怀抱婴孩的妈妈购买了图书，不方便拿走，工作人员贴心地送其至地下停车场的车上；我看到过，一位满头白发的老奶奶没有佩戴眼镜，有些吃力地阅读，工作人员就及时送来了常备的放大镜；我看到过，一位使用借阅图书服务的读者反馈需要碑帖临摹类书籍，过了几天，这类图书就整齐地出现在了书架上；我看到过，一位父亲在工作人员的帮助下为即将成年的儿子悄悄准备了关于勇敢的《在路上》的礼物；我看到过，有读者咨询书店是否有××图书，工作人员径直带领读者走到这本书的书架前，顺便还和读者分享了自己阅读的体会……我看到过这家书店里太多温暖人心的服务，还听到过太多读者对工作人员的感谢，甚至有读者深深地羡慕，在钟书阁工作人员脸上持久洋溢着的幸福。

都江堰的钟书阁，带给我的美好记忆，是从华丽的外在，渗透到真诚且专业的内里；是从惊鸿一瞥的初见，进入平凡朴实的日常。而它，作为城市中一个小小单元，作为公共文化空间的一分子，作为"最美书店"的代表之一，经常会被提问：一个书店，这样的美对社会、团体以及个人是否具有意义？

阳光从屋顶照进钟书阁都江堰店

要回答这个问题，我们首先需要了解"美"的含义。美字始见于商代甲骨文，其古字形像戴着头饰站立的人，本义指漂亮、好看。"美"除了表示具体事物的美好外，还用来表示抽象意义。如形容一个人品德高尚称为"美德"。美好的事物往往给人愉快的感觉，所以"美"有令人满意的意思。

书店面向大众，它当然希望踏入店内的人能够愉快、满意。都江堰的钟书阁门店拥有美观的空间设计、高质量的产品结构、专业的服务支持，确实做到了从内而外的美。它选择用"美"的态度直面那些对"美"的质疑。

如今，真、善、美依然是我们人类不断的追求。但在不同的时代背景下，会滋养出不同的生命力。"善"，它决定着农耕时代的统治；"真"，它代表着工业时代的权威；而"美"，

关于"春天和环保"的陈列

在当今时代下，显现了勃勃生机，拥有了真正的创造力。美育，已经是这个时代的重点。

都江堰的钟书阁，创造了一种美的形式，成为了一种美的代表。它让人们认识到，书店作为公共文化空间，是可以这样的。它也在与广大读者的互动中，让大家感受美、体验美。同时，它也尊重书店多元之美，它欣赏其他书店美的风格，也坚持自身美的态度。我想，这样的书店是有意义的！这应该就是，

费孝通先生所言的场景："各美其美，美人之美，美美与共，天下大同。"

钟书阁都江堰店

地址：　四川省成都市都江堰市玉堂街道宝瓶社区至臻路
1 号 242 号融创茂二楼

公司名称：钟书（都江堰）文化传播有限公司

开业时间：2020 年 9 月 19 日

店铺面积：1136 平方米

员工人数：12 人

营业时间：10:00—21:00

联系方式：罗利娟 15283636206

钟书阁西单老佛爷店：
穿越时光的空间阅读站

◆ 文 / 张双双　　图 / 钟书阁

钟书阁西单老佛爷店正门

近年来，喜欢书店的朋友应该都听说过这样一家书店——钟书阁。而坐标北京的书友更是知道钟书阁西单老佛爷店这么一家网红书店。首先，最广为人知的就是它作为"北京最美书店"独特的设计，以至于它成为网红们的打卡圣地。这家书店以富有个性和创意的设计闻名，多次获得国际设计大奖。

2020年4月23日，钟书阁西单老佛爷店在长安街沿线、著名的西单商业街上开设了京城第二家店（第一家店是位于海淀区的钟书阁融科店）。据说整体面积1100平方米，藏书5万余册，包含文学、社科、生活、教育、经济管理、外版书、自版书，以及党政书籍等各类书籍，可以满足各个年龄层读者的需求。

今天我们就走进钟书阁西单老佛爷店，一睹风采。

站在书店门口，就被这大大的月洞门和墙壁吸引了。大门处门廊若画，徐徐展开，书架既是画布，亦是墙面。

上了台阶之后，隐约可以窥见空间的开合与进深，令人不由自主想要步入画卷之中，一探究竟。满架的思政主题出版物专柜映入眼帘。台阶上陈列的是店内"好书畅销榜"和"魅力北京·阅读中轴线"专架。

据店长介绍，这个区域是设计师利用透视关系创造的一场视觉错幻体验，拱洞的层层嵌套、相互交叉，古典园林移步异景的神韵不仅处处浮现，镜面的折射更令这片幻妙之境有种超现实的感官冲击。利用拱形，设计师还打造了几处可供静坐读书的休息榻，令符号化的门拱同时具有功能与美学的双重意义。

作为一名"哈迷"，在这里我看到了最最喜欢的哈利波特专柜。其中有一本名叫《哈利·波特百科全书》的书彻底吸引了

借鉴中国古典园林移步异景的表现手法——月洞门

读者喜爱排行榜

助力申遗——"魅力北京·阅读中轴线"

利用拱形打造的休息座椅

我。这本书涵盖了 J.K. 罗琳所构建的整个《哈利·波特》系列小说中呈现的人物、场所、职业、生物等，甚至是魔法等都多方面进行了全面、生动、详细的解读。

一步一回头地走过哈利·波特展区，穿过推理、青春文学类书架来到中国文学区，这里陈列的是来自中国文学大家们的经典作品。比如莫言的《生死疲劳》、鲁迅的《朝花夕拾》、老舍的《茶馆》、梁晓声的《回家》和《重生》等等众多经典作品。书店细心地把该区域图书按照作者进行分类，以方便读者查找与选择。

从文学区转身，视线不经意间就被眼前的竹林吸引。极简化的竹竿，通过设计师巧妙的排列组合，让读者的直线行动路径被分解。漫步竹林的怡然自得之情正是设计师赠予读者的微妙心境体验。

竹林区广纳了企业管理、经济研究、互联网、科普、法律、心理学等众多书籍。其中有近年很受广大女性喜欢的上野千鹤子的众多作品，如《厌女》《快乐上等》《始于极限》等。还有近期热点图书，由天才漫画家藤本树创作的治愈系漫画《蓦然回首》。

书店的四周及穹顶几乎都被书柜、书架和玻璃镜镶嵌，纵深感立体感都很强，让人感到非常新颖和震撼。整个区域中间设有活动区，据店长介绍，这里已举办了上百场活动。其中既有新书发布会、文学沙龙、名家讲座、学术研讨会，也有钟书阁自有品牌的亲子活动及社会实践活动。

例如，钟书阁与儿慈会旗下长腿叔叔信箱举办的关注留守

竹林区

上野千鹤子相关书籍

第八届中欧文学节

张佳玮新书发布会

自有活动品牌——小小图书管理员

儿童画展。2023年暑期举办了二十多场"小小图书管理员"活动，在活动中孩子们既能体验书店店员的日常工作，深入了解书店的建设和设计理念，也能锻炼孩子们的社会实践能力，收获一段美好且难忘的成长经历！

穿过竹林，来到书廊。这里是专门为了青少年设计的"青少年阅读长廊"。设计师利用传统建筑的中心对称布局方式，营造了仪式庄重、僻静雅致的氛围。屏风艺化而成的书架，背面是充当光源的灯箱，仿佛从纸窗格中透出的温暖幽光，映照着读书人的面庞，颇有几分古风意趣。书架和展台上，琳琅满目地展示着孩子们喜欢的书籍。其中最受小朋友和家长们喜欢的莫过于《大中华寻宝记》和《如果历史是一群喵》。

青少年阅读长廊

　　水磨石材质筑造的收银台，延伸至了咖啡阅读区。在这个区域内还有着许多的文具创意类产品，包括钟书阁自有文创、北京非遗兔儿爷等等。文创展台的排列方式，散中有序，仿若"曲水流觞"。

　　童书馆是设计师为小朋友打造的独特天地。设计师利用了简化的线条与图形，波浪形的流水纹，以圆球代替的飞檐翘角，这些孩童般天真的线形与笔触，生动地涂绘出了京城古建的画面。

　　闲逛完整个钟书阁西单老佛爷店，你会发现，进入书店就好像进入了迷宫，不仅能见到盛世繁华，亦能窥见历史过往。

儿童馆——卡通版的北京城

对读者而言，钟书阁不仅是一家书店，还是读者与读者、读者与作者、读者与书店交流的文化平台。

钟书阁西单老佛爷店采用了"店内＋店外""线上＋线下"多元的经营模式：店内充分发挥钟书阁书店的设计空间和场景优势，通过丰富的沉浸式阅读体验，引导到店流量转化为读者，致力于培养到店读者的阅读习惯；店外则调度整合种种资源，严格把关流程，为企事业单位提供定制化服务，开拓机会，拓展"钟书阁"品牌影响力。书店积极走向店外，进入社区、学校、机关、企事业单位，服务更多读者，满足他们对文化知识、图书阅读的需求。

自开业起，钟书阁西单老佛爷店就在微信社群、微店、微博、视频号等线上平台积极推广，并在门店提供了诸如数字阅读、音频听书、视频推书等多媒体内容延伸服务，积极推广图书宣传和内容知识服务，广受好评。

据悉，书店今后也将继续做好线上平台的运营与发展，双轨并行。加强与读者的连接，把线下实体书店流量转成私域流量，开拓新的营收渠道，打破书店单一的收入结构，让读者随时随地都能够享受阅读的乐趣。

钟书阁西单老佛爷店

地址：北京市西城区西单北大街 110 号老佛爷百货 B1 层

公司名称：钟书镜（北京）图书有限公司

开业时间：2020 年 4 月 23 日

店铺面积：1100 平方米

员工人数：13 人

营业时间：10:00—22:00

联系方式：010-66037997

钟书阁广州店：
知识的海洋与文化的殿堂

◆ 文／张殊崙　图／钟书阁

广州，这座历史与现代交织的城市，以其独特的魅力吸引着世界各地的游客。我来到这里，不仅是为了欣赏这座城市的繁华，更是为了探访一个特别的去处——钟书阁。

钟书阁广州店，位于广州市荔湾区恩宁路 227 号，是广州的文化地标之一。走进钟书阁，仿佛走进了一个知识的海洋。这里不仅有丰富的书籍，更有各种独具特色的文化活动和展览，为读者提供了一个全方位的文化体验。

一进入书店，我就被其独特的设计所吸引。钟书阁以"知识与艺术相结合"为理念，打造了一个充满艺术气息的阅读空间。整个书店一层以黑金色为主色调，天花板采用镜面设计双倍拉伸了视觉空间，民国风格的地砖让整个空间显得十分复古怀旧。

我在书店里漫步，不时驻足翻阅感兴趣的书籍。书架上陈

钟书阁广州店正门入口

钟书阁广州店一楼

列着各类书籍，涵盖了文学、历史、哲学、艺术等多个领域。这里不仅有中文书籍，还有大量的外文原版书籍，为读者提供了一个了解世界文化的窗口。除了书籍，钟书阁还设有咖啡厅、阅读区和儿童区等设施，为读者提供了一个舒适的阅读环境。

在咖啡厅里，我点了一杯香浓的咖啡，坐在窗边，享受着安静的阅读时光。这里的环境非常雅致，周围的墙上挂着一些艺术作品，为整个空间增添了一分文艺气息。

除了阅读区，儿童区也是钟书阁的一大亮点。这里有丰富的儿童读物和玩具，为孩子们提供了一个快乐的成长空间。家长们可以在这里陪伴孩子一起阅读、玩耍，度过愉快的亲子时

钟书阁广州店咖啡区

光。看着孩子们在书的海洋中快乐地成长，我不禁感叹阅读对于孩子们的成长具有重要意义。在这里，每一个孩子都能找到属于自己的故事和梦想，通过阅读去探索这个美好的世界。

读完书走之前，不妨再去逛一下琳琅满目的文创区，各式精美的文创用品让人眼前一亮，忍不住要驻足停留。选购的过程中会发现各式各样的文创小惊喜，很容易俘获文青们的芳心。

除了书店本身的魅力，钟书阁还经常举办各种文化活动和展览。我了解到，这里曾举办过多个知名作家的签售会、文化沙龙和讲座等活动，吸引了众多读者和文学爱好者前来参与。此外，钟书阁还经常举办各类艺术展览、手工艺品展示和音乐演出等，让读者在阅读之余也能感受到浓厚的艺术氛围。

在钟书阁的这次旅行中，我不仅收获了丰富的知识，还体验到了浓郁的文化氛围。这里不仅是一个书店，更是一个文化的殿堂。我相信，每一个热爱阅读和文化的人都会在这里找到自己的精神家园。

在这里，我感受到了知识与艺术的完美结合，度过了一段难忘的阅读时光。如果你也热爱阅读和文化，不妨来这里一探究竟，相信你也会被这里的魅力所吸引。

回想起我在钟书阁的经历，我深感阅读的力量无穷无尽。在书海中畅游，我感受到了人类智慧的伟大和历史的厚重。在这里，每一个字句都充满力量，每一次翻页都是一次新的探索和发现。而那些静谧的午后、浓郁的咖啡香和温暖的阳光都将成为我记忆中难以忘怀的画面。

在未来的日子里，我会将钟书阁的故事分享给更多的人听。

我会告诉他们这里不仅是广州的一处文化地标，更是每个人心中的一片净土。无论我们来自何方、身处何处，都能在这里找到那份宁静与力量。

钟书阁广州店一楼大厅

总之，广州钟书阁是一处值得一游的地方。在这里，我们不仅可以汲取知识、感受文化氛围，还能体验到阅读的快乐和心灵的滋养。如果你也向往这样的旅程，不妨来钟书阁走一走、看一看、读一读。相信在这里，你也能找到属于自己的那份美好与感动。

钟书阁广州店

地址：广州市荔湾区恩宁路 227 号 1—2 层

公司名称：钟书阁（广州）图书有限公司

开业时间：2020 年 5 月 18 日

店铺面积：640 平方米

员工人数：8 人

营业时间：10:00—22:00

联系方式：020-80502635

钟书阁长春店：
以书之名，开启城市阅读！

◆ 文／范兆彤　图／钟书阁

《钟书境界》，情有独钟，书香人间！

长春，这座孕育白山黑水的北国春城，正用古老的文明为城市奠定着厚重的文化底蕴。或许是对老工业城市的情有独钟，用墨香去浸润工业的骨架，命运的齿轮开始转动……

书店，这个承载了爱书人与求知者梦想的摇篮，成为一代又一代人了解世界、探索未来的重要纽带。生机勃勃的时代之花，散发出芬芳四溢的书香气。

第一次走进钟书阁，感触是走进魔幻的世界，站在巨大的书架前，我觉得是坐上时光穿梭机，随时会有精灵飞出在空中扇动翅膀，它手里拿着我脑袋里灵光一闪偶然想到的某本书，突然丢给我。或许当我碰触到哪本书，这里的机械书架就会飞快地旋转，带我回溯历史，穿越未来。现代魔法般的工业设计却有着相当中式浪漫的名字，接下来我们就以书之名，开启城

旋转楼梯

3F 文学长廊

市阅读！——钟书阁长春店。

　　钟书阁，"阁"字典中有意：藏书的地方。西汉初年，萧何在汉未央宫主持营建了两座楼阁——天禄阁、石渠阁，专门用来保存秦朝的各种图籍档案，是我国最早的国家图书馆。而长春钟书阁恰"藏于"闹市——长春市新天地购物公园内，推开门跃入书海，内心已是惊涛骇浪，周遭却是静如平湖。

3F 概念区

接下来我们一起打卡这间充满工业风的城市书店！翻阅"城市"。深灰色钢架结构的旋转楼梯，配以超大镜面的棚顶装饰，在现代工业风的映衬下，实现了虚与实、历史与现代的强有力碰撞，在这里，阅读不再是一种任务的完成，而是一种生活的享受，是享受攀登寻求知识的渴望，抑或通过镜像读懂了自己的另一面。

齿轮是工业中不可忽视的组成部分，亦是汽车之城的重要标志之一。这间坐落于中国长春汽车工业基地的书店，将长春极具代表性的标志融入其中，与"汽车城"的美誉相得益彰。齿轮和书在这里完美地融合，契合了连接与交融，置身其中，处处感受到浓郁的工业氛围，开启一本书，齿轮转动，城市的记忆开始流淌。

书架也是采用大小不一的齿轮设计，精美的文创产品在绿植的点缀下，文艺中充满着高级感。店内陈列的书籍与文创产品均是经过店员多轮的挑选，不光有深刻的内涵，超高的颜值也成为人们理想中的"最美展品"。即使不阅读也要选一份属于自己的礼物。镜面天花板让视野变得愈加开阔，在这间充满工业风的书店内，时刻能感受到城市的快速发展。

宽敞明亮的阅读休闲区，是远离城市的一隅清净之地，在忙碌的生活中享受片刻安宁，在书籍的海洋中接受心灵的深度洗礼。书店虽是连锁但不复制，装修风格与城市风格的融合，凸显城市的韵味。

一杯清茶，几缕墨香，远离城市的喧嚣，沉浸在书山学海之中，与莎士比亚同论人间悲喜，与王羲之共赴兰亭雅会，这里极度"书"适。钟书阁内，爱李白的狂妄，才知东北的雪花"应是天仙狂醉，乱把白云揉碎"；爱苏轼的豪放，才知情谊是"十年生死两茫茫，不思量自难忘"；爱鲁迅的犀利幽默，才知"书看多了，文章自然就会写了"。乐作者之喜，哀作者之悲，冬季喝一杯暖意的咖啡，看一本入神的书，脑中天马行空，窗外

3F 儿童馆

4F 活动论坛区

4F 咖啡区

人来人往。

　　书是用来阅读的，用来分享的，用来感悟的，它让你自信，让你快乐，让你安静，最后用曾经获得的 2017 中国公益广告黄河奖优秀奖作品表达我对钟书阁长春店的挚爱——《一本书的漂流记》："我是一本书，可以有自然万物刮风下雨，可以有虫鸣鸟叫，还可以有大海波涛，我想去漂流，让每个想读书的人感受我的力量，让每本书漂流起来，让有着不同故事的书分享快乐，从你的全世界路过，我是一本书，有阅读就有幸福。"阅读从钟书阁开始吧！

《钟书境界》

钟书阁长春店

地址：吉林省长春市南关区新天地购物公园 3—4 层钟书阁

公司名称：吉林钟书文化传媒有限公司钟书阁长春店

开业时间：2021 年 2 月 12 日

店铺面积：752 平方米

员工人数：9 人

营业时间：周一至周四 9:30—21:00，周五至周日 9:30—21:30

联系方式：15850621707

上海三联书店 READWAY（武汉店）：城市文化空间，如何留住年轻人？

◆ 文 / 杜叶青　图 / 上海三联书店 READWAY（武汉店）

他们通过积极、深刻的思考看清时代发展的大方向，以大无畏的精神追求真理和进步，以强烈的社会责任感和厚重的人文关怀关注现实问题——这些构成了后来人们概括的"三联精神"。

《三联生活周刊·三联书店九十年》

上海三联书店 READWAY（武汉店）位于武汉江汉路地铁 C 出口，书店距离出站口不到 10 米的距离。这片区域，烟火气浓郁，人流密集，走在路上，迎面而来的年轻气息和老城气质，交杂相融又互相排斥。

走出地铁站，一眼可见的大广场上，"上海三联书店"巨大的代表性符号很是显眼。店标之下正是当前武汉全城青年人最热衷的打卡点，"漫游江汉生活节""爱情总有甜与光""蓝色青年有态度"等一系列活动，都成为了武汉青年关注的焦点。属于书店那份独有的文艺气质，在所谓新消费的洪流之下，并没有被席卷而去，也正成为了上海三联书店 READWAY（武汉店）的"流量密码"。

上海三联书店 READWAY 落地武汉伊始，就怀抱着沟通沪汉青年的目标。武汉可谓是一座大学生之城。据了解，武汉市有 83 所高等院校，几乎占据了湖北省内所有高校数量的 2/3，这其中涵盖了多所 985 和 211 工程重点院校，包括武汉大学、华中科技大学、华中师范大学、华中农业大学、中南财经政法大学、中国地质大学和武汉理工大学等等，大学生数量高达 168 万人，位居全国第一。书店首先要解决的，是如何让年轻人在求学、社会生活的过程中，保持开放、向外的态度，与文化和阅读产生更紧密的连接。因此，武汉店一直以来秉持的理念就是年轻化、生命力和在地性。

"线下文化空间，有自己的商业价值，不能只依靠消费者的情怀。"武汉店店长

代表性符号很是显眼

如是说。相对于其他书店来说，上海三联书店 READWAY（武汉店）精通于办活动，也非常擅长将青春的力量集合在一起。一周七天，平均有 7—10 场不同形式的活动，年轻人喜闻乐见的内容和形式，书店的运营者们都愿意去做下尝试。阅读电影、city walk、读剧会——上海三联书店 READWAY（武汉店）搭建起自己的"活动日历"，并用生动的呈现形式赋予了更多的趣味性。

上海三联书店 READWAY（武汉店）用丰富的活动吸引市场流量，书店作为文化空间传播知识、影响阅读的初心和核心一直没有发生变化。除了不定期举办的签售会，书店还会邀请图书品牌、图书编辑相关的从业人员，以及品牌主理人进行线上或线下平台的交流——对于文化行业从业者而言，"一本书"背后的故事和精神更值得被人听见，也期待在交互之中，引领着更多的出版社、出版品牌、图书品牌进入日常生活。

店里图书的选品也遵循着三联的气质。书架上，有很多符合年轻群体阅读需求的书籍，还有特别的展示台收集了与武汉相关的书籍。如同大多数人对于江汉路的第一印象，大江大湖的气质与青年的思绪交融。此时，它不仅承载了文化和商业因素，同时也展现了人们对生活方式的态度和城市文化基因。

除了开设在江汉路的店面，上海三联书店 READWAY（武汉店）这两年娴熟地以在地文化为媒介，用一种长线思维将品牌的内容与产品纵深入城市之中。通过 city walk 活动，串联起武汉的街边小店、巷子深处、非遗文化……同时还与主管部门、图书馆、大学讲堂等文化单位和空间积极联动，输出文化

DAKA 乐队在书店发起蓝调民谣音乐会

书店发起"江汉 city walk",一起走街串巷,在漫步中发现武汉

重要的不是阅读："阅读者"主题群像展

读者在"江汉 city walk"活动中穿过西北湖公园，在湖边休息合影

内容和运营理念。时至今日，上海三联书店 READWAY（武汉店）在武汉所打造的"三联文化场"已经初见成效，助力武汉的文化氛围更加浓厚。

除了撬动文化空间，上海三联书店 READWAY（武汉店）还开启了文化"点灯人计划"，试图从城市中打捞出一批有情

靳羽西《你自成先锋》新书见面会

怀的"点灯人"，共同参与到文化活动的策划和传播中去。

除了书本阅读，音频、视频也都是很好的文化载体。无论是电影、戏剧、相声、阅读相关，都可以化身为"文化灯塔"照亮城市。征集令发出后，已经有不少的人加入进来。原本各自陌生的"文化创造者们"被聚集在一起，互相刺激、互相合作，开启了一场场文化与思想的交流盛宴。武汉广大的年轻群体，对新形式的追求和热忱，也促进了上海三联书店 READWAY（武

点灯人聚会

书店发起的黑灯歌会，读者分享自己的音乐故事，彼此交流

汉店）的不断进化之路。从偶然路过时的目光开始，到活动带动社交、带动周边打卡的线下内容出现，书店不断革新的内容，也代表着人们审美和需求的变化。

通过几年的运营，上海三联书店 READWAY（武汉店），早已深深烙印上了武汉这座城市的文化气质。这座城市不断丰富的内涵与意义，也浇灌了书店文化生命的成长，并在不断地叠加增值中。一座城市中，总有一盏灯会为文化人而点亮，给于引导、给于安慰。在武汉的众多年轻学子和文化人中，上海三联书店 READWAY（武汉店）或许正是这盏灯。

上海三联书店 READWAY（武汉店）

地址：湖北省武汉市花楼街江汉路步行商业街 61 号

公司名称：上海三联书店有限公司

开业时间：2021 年 4 月 23 日

店铺面积：800 平方米

员工人数：7 人

营业时间：10:00—22:00

联系方式：夏世阳 19945001334

上海三联书店建德江南秘境店：
绿水青山间的诗意阅读

◆ 文 / 喻露　图 / 上海三联书店建德江南秘境店

　　"江南秘境"景区位于浙江省建德市，以富春江 22 公里的水道为轴线，是目前长三角地区保存最为完好的原生态自然山水板块。涵盖了生态观光、休闲度假、文化创意、运动体验等主题，是一片充满艺术氛围和诗意的地方。于富春江、新安江、

三江交汇 景色优美

兰江三江交汇之处，在这片世外桃源般的环境中，隐藏着一座独特的建筑，一家备受赞誉的书店——上海三联书店坐落其中。透过巨大的落地玻璃幕墙，仿佛直接置身于绿水青山之中，此间的阅读便不知不觉进入到了诗意的情境中去——

书店建筑以简约的纯白和原始清水泥为设计元素，将工业风和自然元素完美结合，形成了一种独特的艺术风格。整个空间以"自然、艺术、生活"为核心元素，致力于打造一个自然与艺术相融合的环境。这里绿树成荫，山水环绕，为读者提供了一个宁静的阅读和思考空间。书店曾获评"2018年度美国建筑大师奖 APM 的最佳文化建筑奖"。

书店设有非遗艺术展示馆和光影互动展厅等设施，为读者

互动展厅

玻璃幕墙打破内外空间界限

带去动静结合的艺术展览和独特的沉浸式艺术体验。

在非遗艺术展示馆中，读者可以看到水光幻影、浮光掠影、时光剪影、岁月序歌和旧物新说五个主题区。每个主题区都通过先进的数字艺术装置展示了建德的非物质文化遗产。这些装置利用光影效果和多媒体技术，让读者沉浸在一种梦幻般的艺术氛围中，深刻感受到建德历史的厚重和非遗的魅力。

上海三联书店建德江南秘境店的独特空间设计令人印象深刻。步入书店，你会被它简洁而明快的布局所吸引。一堵巨大的玻璃幕墙打破了空间的界限，将室外的绿水青山直接引入室内，阶梯状的阅读休憩空间，让人沉浸式面对开阔的自然山水，也成为了景区最不容错过的打卡地。

一面顶天立地的书墙是另一道文化风景，书架和展示柜排布在空间中，将图书与艺术品、文创品有机结合在一起。这里的设计不仅使读者可以畅快挑选喜欢的书籍，还提供了一个展示艺术品和文化创意的平台。墙上的艺术作品和文化展示不仅增添了视觉的享受，更为读者营造了一种与众不同的

室内空间简洁明快

文化氛围。

此外，上海三联书店建德江南秘境店还与景区文旅、民宿客栈等合作，为游客提供了丰富的文化资源。定期举办各种主题展览和活动，与艺术家和文化机构合作。这些活动将艺术与文字结合，给读者、游客带来了一个更加多元化和丰富的文化体验。这些展览不仅为艺术爱好者提供了一个欣赏艺术的场所，也为读者带来了与艺术家互动和交流的机会。除了艺术展览，书店还会定期邀请作家和学者举办讲座、读书会和签售会等，为读者提供学习和交流的机会。

作为景区内的书店，书店员工优质的服务也是这里的一大亮点。他们热情友善，具备专业的知识和服务意识，无论是想要阅读还是想要游玩体验，他们都会提供周到的帮助和建议。

书店二楼夹层还设有专门的手作体验区，书店的员工也会作为老师，教读者和游客如何完成一件手作作品，尤其受到家长和小朋友的欢迎，将阅读和文旅服务最紧密地结合了起来。

借助自己的文化资源优势，书店还积极参与到当地的文化建设和党建引领中，为基层党员提供了一个特别的"清风书桌"。这里定期举办各种活动，如党的纪律规范学习等，旨在加强党员的思想政治教育和党性锻炼。清风书桌不仅是一个学习的场所，更是一个交流的平台，让党员们在这里共同成长和进步。

上海三联书店建德江南秘境店是一个集阅读、艺术展览、文化体验于一体的综合性艺术空间。这里不仅是一个艺术的殿堂，更是一个让人们与自然和艺术亲密接触的理想之地。在这里，读者和游客可以沉浸在自然与艺术的交融中，体验生活的美好，感悟人生的真谛。作为一个传承与创新、交流与启迪的文化聚集地，书店成为江南秘境中的一片文化绿洲，带给游客们无尽的惊喜和启发。

上海三联书店建德江南秘境店

地址： 杭州建德市三都镇江南路 8 号

公司名称：上海三联书店有限公司

开业时间：2021 年 5 月 1 日

店铺面积：260 平方米

员工人数：3 人

营业时间：8:30—16:30

联系方式：喻露 18767160203

永宁江畔有"朵云"，
跨越 400 公里牵书缘

◆ 文 / 包永婷　图 / 朵云书院

作家陈丹燕、记者萧耳做分享

朵云书院黄岩店在永宁江畔

　　2023 年 7 月，陈丹燕"书桌前的辽阔"图片展结束在上海思南书局的首展后，紧接着便在朵云书院黄岩店展出。展览通过 20 件陈丹燕拍摄的照片，展现了她跨界拍摄纪录电影的工作方式。陈丹燕还与读者现场分享了为何会去塞尔维亚，以及自己的所见所思。

　　这不是陈丹燕第一次来朵云书院黄岩店。从地理位置上看，上海与浙江省台州市黄岩区相距近 400 公里。一年前，她携《上海的金枝玉叶》来此，聊书中的角色与故事。读者在聆听的同时，还能喝一杯因此书引申而来的特制咖啡。像这样高品质、体验丰富的文化活动，朵云书院黄岩店开业两年多来不断上演，至今已经举办读书分享会、展览和文艺活动近百场。

　　坐落于永宁江畔的朵云书院黄岩店，被网友称为"来台州不能错过的书香地标"，受到当地读者的喜爱。步入其中，仿佛置身白色"幻境"，云中漫步。再往里走，通过白色庭院围合成的建筑群，我们可以看到我国传统建筑的庭、园、楼、阁等元素。

书院内部则清晰地划分出五大功能区块，包括图书阅览区、咖啡餐饮区、讲座展览区、庭院休憩区和会议接待区。书是当仁不让的主角，1万多册书籍涵盖古今中外，更有不少名家典籍。店内书架布局疏朗有致，一步一景，不少读者乐于在此享受阅读慢时光。

黄岩店是"朵云书院"品牌第一次走出上海，自2021年运营以来，通过与上海世纪朵云文化发展有限公司深度合作，借助世纪出版集团优质、丰富的文化资源以及在阅读推广领域的策划、运营经验和能力，为黄岩区乃至台州市的市民提供高品质的文化服务，将上海经验、海派风格进一步辐射长三角乃至全国。

世纪朵云先后邀请了余华、刘擎、陈丹燕、蔡骏、路内、那多等多位作家到黄岩举办阅读分享会。在书院揭幕当天，余华与评论家潘凯雄、复旦大学中文系教授张新颖一起，谈论关于书店、文学与人生等的话题。不少读者专程赶来，与"大咖"面对面交流。时隔两年，余华再次来到黄岩，和他的朋友们一起畅聊写作与生活。

朵云书院黄岩店正门

2021 年 6 月 26 日作家余华做新书首发分享

　　而朵云书院黄岩店并不止步于带来别具韵味的"上海味道"，更以独特的视角挖掘和展现"黄岩文化"。书院"藏书阁"收藏了百余种图书善本再造本以及黄岩本土文献汇编，其中就包括出生自台州的一代大儒方孝孺的《逊志斋集》等，店内除了汇集台州、黄岩当地文化名人图书作品，还有每季度更新的"黄岩限定"的小型书籍展。呆萌可爱的软胶橘灯，印有橘子的帆布袋，以九峰山为原型的瓷镇纸……这些以黄岩特产和自然风貌打造的文创产品，让市民读者爱不释手。

　　书写城市故事，留下城市记忆，是朵云书院黄岩店送给这座城市的一份礼物，也让黄岩与上海"双向奔赴"。今年春天，作为"双城记——上海·黄岩文化周"的一部分，书写黄岩的新书《江上云起》在上海朵云书院旗舰店首发，将作家们眼中的黄岩呈现给读者。

2022年春天，朵云书院黄岩店和稻田读书共同发起"驻地作家创作计划"。在一年时间里，来自全国各地的10位作家走进黄岩、深入黄岩、感受黄岩，在这片土地上打捞诗意，发现甜，书写甜，汇集成《江上云起》。正如参与创作计划的周华诚所说，这是一场地方传播样本的创新实践，书店不仅是书面向读者的终端，更成为创造的起点。

如今，"驻地作家创作计划"第二季正在进行中，最新的文章刊登在书院的微信公众号上与大家分享；第一季的成果《江上云起》亮相上海、杭州等地书店，让更多人了解黄岩。朵云书院黄岩店负责人陈剑透露，会邀请更多的优秀作家到黄岩来，让他们发现这座城市更多的美。

不可否认，高颜值是书店吸引人们走进来的一大因素，但

程禾、周华诚、王寒、甫跃辉等朵云书院黄岩店驻地作家在上海朵云书院旗舰店做新书首发会

能留住读者、长久走下去的一定是更深层次的文化交流与体验，给人们提供忙碌生活中一处心灵栖息之所。每一位走进书院的读者，可以选择心仪的图书，可以在侧身可见江景的咖啡区休憩，还可以与作家学者面对面交流。从黄浦江"飘"到永宁江，朵云书院黄岩店丰富了市民读者的生活，涵养着一座城市的文化底蕴。

朵云书院黄岩店

地址：浙江省台州市黄岩区桔源街 157 号、161 号

公司名称：台州市黄岩永云文化发展有限责任公司

开业时间：2021 年 6 月 26 日

店铺面积：约 2500 平方米

员工人数：14 人

营业时间：10:00—21:00

联系方式：13738608327

上海三联书店 READWAY(重庆店)：
邂逅一场磁器口的文化之旅

◆ 文 / 邓荣东　　图 / 上海三联书店 READWAY(重庆店)

上海三联书店 READWAY(重庆店) 坐落于磁器口后街

在重庆磁器口后街的热闹繁华之间，有一家静谧的上海三联书店 READWAY（重庆店）（下简称上海三联书店重庆店），隐匿在磁悦里一楼＋负一楼，山城独特的地理优势加上深厚的历史积淀，使这座书店散发出浓浓的文化韵味。

这是一家集阅读、策展、书店、文创、咖啡馆于一体的复合式文化综合体，更是沪渝文化交流及青年交互碰撞的文化空间。如今，数字文创艺术展、非遗艺术展、新兴脱口秀等活动元素都融入其中，不光让消费者读书、消费、体验，也让文化得以传承与交流。

上海三联书店重庆店总面积约 3700 平方米，共两层楼（一楼＋负一楼）。

负一楼是书店主体，以汉服和茶艺展示为主，走入其中，浮躁的心便慢慢安静下来。两层以一座唯美的旋转阶梯连接，是磁器口颇有名气的网红打卡点。

一楼书店部分将书籍分为悬疑推理、穿越文学、国风生活、中式美学、风流人物、三联荐读六大区域。书籍种类丰富，都是经过各方推荐和筛选才展现在书架上的，让读者尽情沉浸在书香里。值得一提的是"三联荐读"板块，如果还没想清楚看什么书，不妨参考一下三联荐读的书籍，轻松解决书荒。一楼整个区域以中式古典风为主，书写着古风文字的纸灯点缀其间，在镜面墙壁和天花板的反射下，如同置身漫天灯海。逛累了就去休闲区，拿上一本书，点上一杯咖啡，咖啡香伴着书卷气，就这样享受一下午的慢时光。

在上海三联书店重庆店里，有一面特别的展示墙，这是书

两层楼之间的旋转楼梯已经成为了网红打卡地

店携手两大高校合作产出的数字文创展，读者扫描二维码即可以另一种形式走进笔者的世界，与书中的人物来场对话。

　　数字文创产品是上海三联的全新探索领域。图书的数字文创产品不等同于电子书，不只是将纸质图书内容简单转化为数字格式进行呈现，而是通过策划、设计交互式小程序对图书内容及其文化衍生品进行创意展示，具体表现形式包括文本、图片、音视频、动画、游戏等，即整合各类媒介手段，创建一个围绕图书主题文化的数字产品。创新概念的图书数字文创产品，功能包含书籍内容介绍、出版品牌传播、沉浸式阅读体验、读者群体互动、图书产品营销，以及图书文化推广。

　　与之相对应的，在实体文创产品展示区，书店将图书中的元素提取出来设计而成的文创产品，有来自《彩图欧几里得几何原本》创意的几何造型台灯，源自《西方古典音乐故事》的漫画风格贝多芬、柴可夫斯基门神，以及来自《维特根斯坦与杜尚》的黑白 T 恤……一件件创意新颖的文创产品和布满书籍的背景墙相映成趣。图书相关的衍生文创产品，逐渐成为维系图书与读者间黏性的桥梁。以阅读滋养文创，以文创带动阅读。

除了高科技的文创数字艺术展示外，店里还有一块具有特色的区域是非遗文化展览区。流动展区内以"传承与活化"为主题，读者可以体验不同节气的非遗文化。展出有 300 余件非遗传承人亲制精品，集合晋派砖雕、绵竹木板年画、福州脱胎漆器、个旧锡器、古法琉璃、花丝镶嵌、铜胎掐丝珐琅、杭州银茶酒器、木旋工艺等八大主题非遗特色工艺品。通过看、听、赏、玩、学，重庆市民可以了解和参与中国非遗文化建设和推广。

从御用到民用的手工艺品，从时代、社会、手工艺和文化等不同维度，展示中国传统手工技艺的发展，并以此宣传中国手工艺术文化，推动非物质文化遗产的传承与活化。

作为一家坐落于磁器口的综合书店，上海三联书店重庆店积极推动当地特色文化的传承与推广。店内有陶艺体验店——家长可选择在周末带上孩子亲手制作陶艺，可以体验从拉坯到上釉每一个环节。书店还与周边学校积极合作，探索将传承磁器口瓷器历史的社会实

数字文创产品是书店的一大亮点

店内非遗文化传承内容的展示活动

重庆店与瓷器建立了文化关联

践课堂引进书店，负责室内宣讲的同学绘声绘色地向游客宣讲磁器口历史和富有地域特色的"沙坪窑"青花瓷特点，以大量文献资料和古代沙坪窑"瓷片"向游客证实磁器口有"磁器"

的事实。负责"义卖"的同学以自己烧制的"磁器"为"商品"，精心布置卖场，精心准备包装，热情招呼观展游客，自信地向游客介绍每件"磁器"烧制过程，努力推销自己的"产品"。

在磁器口古镇这样一个特殊的位置，上海三联书店重庆店主动担当起传统文化、当地文化传承与创新的使命，这既是一家书店的社会责任感使然，同时也是上海三联书店勇于创新、不断探索的精神使然。当重庆遇见上海，在磁器口邂逅三联，沪渝文化的交流已经在这里擦出了耀眼的火花。

上海三联书店 READWAY(重庆店）

地址：重庆市沙坪坝区磁兴街 1 号附 22 号一楼、负一楼

公司名称：上海三联书店有限公司

开业时间：2021 年 6 月

店铺面积：800 平方米

员工人数：5 人

营业时间：9:30—21:00

联系方式：邓荣东 18723189406

钟书阁北京麒麟新天地店：
长城脚下的白桦林

◆ 文／张鑫　图／钟书阁

门头照片

周末的午后，阳光透过玻璃窗洒在地面上，忽然发觉已经很久没有去逛过书店了，于是直奔位于望京的钟书阁。书店在望京合生麒麟社的 B1 层，对于长期混迹于望京 SOHO 的我，就和回家没什么区别。

一进入书店，我就被它的独特设计所吸引。古朴的黑色边框搭配金色的隶书"钟书阁"牌匾，透露出一种稳重而不失优雅的气息。透过玻璃窗，可以隐约见到以长城为设计语言的儿童馆，鳞次栉比的烽火台仿佛是误入卡通版的长城，充满了天真童趣。

走进书店，主通道的外观形象让我眼前一亮。一个个到顶的圆形立柱书架成为了空间的主角，结合顶部的玻璃反射，将空间在整体上放大。其间点缀的圆形灯具，像树林里的月亮，更加凸显了书店的设计理念，把它打造成了一片"长城脚下的白桦林"。

沿着主通道往里走，我来到了图书区。这里的书架上摆满了各种各样的书籍，有小说、文学、历史、哲学、艺术等等。我沿着书架漫步，不时停下来翻阅感兴趣的书籍。每一本书都像是一扇通向知识的大门，让我沉浸其中。

在童书分享会区域，我看到了一群孩子们正在听一位童书作者讲述故事。孩子们听得入神，不时发出笑声和惊叹声。这样的活动让孩子们更好地感受书店文化，也让他们对阅读产生了更浓厚的兴趣。

我继续在书店中探索，发现了一个舒适的阅读区。这里有很多椅子，让人们可以坐下来静静地阅读。阅读区的墙上挂满

儿童区

主通道

了艺术作品，给整个空间增添了一分艺术氛围。我找了一个角落坐下，拿起一本书，享受着阅读的乐趣。

在书店的一角，我发现了一个特色区域——党政图书主题专区。这个区域展示了一些与党政相关的图书，让人们更深入

地了解中国的发展历程和党的理念。这些书籍不仅提供了知识，还激发了人们对国家和社会的关注。

书店的服务也让我印象深刻。店员们热情而专业，总是能及时地为顾客提供帮助。对书籍的熟稔让他们能恰当地为读者推荐合适的读物，让读者能找到心仪的书籍。

此外，我还了解到，钟书阁北京麒麟新天地店为了推广全民阅读，开展了夜宿最美书店活动。小读者们可以在书店里体验当一名小小图书管理员，同时还能参与非遗文化体验，学习我国书籍和文化的发展历史，感受文明的魅力与传承。

走出钟书阁时，我不禁感叹，这家书店不仅是一个书籍的聚集地，更是一个文化的交流平台。它为人们提供了丰富的精神食粮，让人们在繁忙的生活中找到了一片宁静的港湾。我希

活动区

望这样的书店能够越来越多，让阅读成为人们生活中不可或缺的一部分。

回到家躺在床上，我不禁想起了古人读书的故事。古时候的读书人常常独自一人坐在书房中，默默地品味着书中的智慧和人生哲理。而如今在钟书阁这个现代的书店里，人们可以聚在一起分享阅读的快乐和体验文化的魅力。这种文化的交流和传承让人备感温馨和感动。此外我还感受到了文化的多样性和包容性。这里不仅有传统的中文书籍和现代的畅销书，还有来自世界各地的外文书籍和各种文化创意产品。这种文化的多样性和包容性让人倍感开放和自由。

在钟书阁北京麒麟新天地店中漫步时，我还看到了很多家庭在这里度过的美好时光。一些家庭带着孩子来这里阅读和学习知识；一些家庭则在这里享受阅读的乐趣和放松身心；还有一些家庭在这里举办家庭聚会和文化活动。这种家庭式的文化体验让人备感温馨和幸福。我还看到了很多美好的瞬间，包括读者们在阅读时脸上露出的满足和幸福的表情，包括书店员工们热情周到的服务和辛勤劳动的身影，包括书店里各种各样精彩的文化活动。

愿每一个走进钟书阁的人都能在书的海洋中找到自己的方向，与书为伴，丰富心灵。

钟书阁北京麒麟新天地店

地　　址：北京市朝阳区望京合生麒麟新天地 B1 层

公司名称：钟书阁（北京）文化传媒有限公司

开业时间：2021 年 8 月 28 日

店铺面积：560 平方米

员工人数：6 人

营业时间：10:00—22:00

联系方式：18610801725

钟书阁烟台店：
闲游百年老街，邂逅书香生活

◆ 文／姜成林　图／钟书阁

烟台钟书阁正门

烟台，一座美丽的海滨城市，以其得天独厚的地理环境和丰富的文化内涵吸引着无数游客。

烟台的生活会让人感觉非常舒适，在这里你常能见到沐浴在海风和阳光中的人，沿着漫长的海岸线悠闲地漫步，仿佛置身于一幅画卷之中。烟台不仅有漫长的海岸线和碧波万顷的海湾，还有风景秀美的烟台山。山海相连，相映成趣，在这里无论是壮丽的日出还是梦幻的日落，都让人流连忘返。

"烟台七分美，三分在朝阳"，当第一缕阳光穿过烟台山，山脚的百年老街朝阳街便从睡梦中悄然苏醒。古朴与现代在这里交织，为这座仙境城市带来勃勃的生机。

2021年9月19日，钟书阁烟台店在朝阳街定居。在福顺德银号的旧址上，钟书阁为读者打造了一片浩瀚静谧的书海。钟书阁烟台店占地1400平方米，藏书几万册，分布于三层的楼阁中，每一层都布局精妙。在这里，您只需翻开书卷，便可穿越时空、博览古今。

走进书店一楼，复古的绿色漆面、百叶窗式装饰元素、马赛克地面以及半开放的玻璃顶便带着浓厚的古典主义色彩扑面而来，仿佛要把初来乍到的读者带回曾经的岁月。

步入中庭，中庭高耸的书架直插半开放的玻璃天顶，打造出了书山书海的磅礴气势。书架设计与历史建筑本身的风格完美契合，庄严而现代，读者站在这里便能感受到人类浩瀚的精神世界在此凝铸成另一方天地。

除了图书，一楼还设置了咖啡厅和文创商品区。咖啡厅内，有结合了烟台特色的苹果风味拿铁，文创区更是布满了烟台建

中庭高书架直插半开放的玻璃天顶

筑及美食文化文创周边。进一步为读者打造出立体沉浸的文化
氛围。

　　走在这颇具文化气息的建筑中，让逛书店这件事本身也饱

一楼咖啡厅

含仪式感。读者在这里读一本图书，或品一杯苹果风味拿铁，
选几款心仪的文创伴手礼，都格外有意义。

　　进一步探索这个宝藏般的书店，我们会惊讶地发现这里的
楼梯区域也被精妙地利用起来。通过在楼梯区设置书架，进一
步拓展书店的承载功能，螺旋形的书架配合镜面天顶，扩展了
读者们的感官体验，游览其间，仿佛置身知识的阶梯。沿着盘
旋向上的楼梯，在空间与时间的叠合里，也许读者在不经意间
就能收获到心仪的好书，享受阅读的魅力。

　　来到书店二楼，这里基于原本的空间结构，通过不同的房

螺旋阶梯书架

文学长廊

间分隔出不同的书籍分类区，使读书的分类变得更加清晰。文学长廊、绘本乐园、国学经典、社会科学……各个分区的设计不尽相同又协调统一，持续不断地给流连其间的读者带来移步异景新鲜体验。

其中我最喜欢的区域是文学长廊与绘本乐园，文学长廊采用了温暖的橘红色色调，配合沉稳的黑色书架与吊灯给读者以家庭书房般的温馨感受。错落的拱形门连接起各个房间，许多好书便藏在这错落的书架后，等待有缘的读者发现。

文学长廊的藏书非常丰富，除了热门图书也不乏一些冷门、小众作家的作品。对于喜爱这类作品却苦于无处寻找的读者朋

绘本乐园及儿童家具

友，我会对他说，"不妨去钟书阁看看吧，也许会有意想不到的惊喜"。漫步文学长廊，你定会迷醉其间，在文学大师的笔墨里，阅读百味人间。

绘本乐园是专属于孩子们的天地。明亮、活泼的色彩带来视觉上的惊喜，特别为儿童设计的沙发和动物风小家具为小读者们提供了更广阔的阅读空间，同时也让孩子们感觉乐趣十足。唾手可得的丰富绘本和座椅很好地帮助了孩子们自发地进入阅读世界。在这里能感受到这家有温度的书店针对不同年龄读者阅读需求的用心与诚意。

继续拾级而上，来到三楼，独具匠心的布置让人眼前一亮。起承转合、收放有度，空间中植入了镜子元素，通过镜面的反射、折射等作用延伸距离感，营造自由而深远的审美体验。

三楼最有特点的当属景观露台，露台的位置正对烟台山，远远眺望便能看见烟台山的地标性建筑——烟台山灯塔。露台空间开阔，各种桌椅摆放其间，每桌都配有复古遮阳伞。夏天，撑开遮阳伞，点上一杯咖啡，叫上三五好友。微风拂面，美丽的街景和洁白的灯塔一览无余，正是纳凉闲谈的好去处。冬天，下雪时露台之上会堆起姿势不同的雪人，配合着银装素裹的烟台山，不少读者到此打卡留念，为干冷萧瑟的冬天平添一份温情与乐趣。

除了这些较大的空间，钟书阁烟台店在小型空间的利用上也充满细节与创意。店内大大小小的空窗台被变成了一个个专题图书、活动图书专栏，墙架的后面的空地隐藏着风车书架与各色绿植，给读者提供的书桌上摆放着各种店员精心挑选的推荐图书。种种巧妙的小小设计，使读者不论走到哪里总能有新的发现。

一座文化交融的城市，一条风情荟萃的街道，一家底蕴深厚的书店，钟书阁烟台店就在这里，期待着与各位读者相逢。

钟书阁烟台店

地址：山东省烟台市芝罘区朝阳街 A20-1 号

公司名称：钟书（烟台）图书有限公司

开业时间：2021 年 9 月 19 日

店铺面积：1399.79 平方米

员工人数：11 人

营业时间：9:30—21:30

联系方式：13854579354

朵云书院交子店：
"玻璃盒里的协奏曲" 启新章

◆ 文 / 施晨露　图 / 朵云书院

朵云书院交子店东馆

"建筑物是凝固的，只有两样东西是流动的、无限的——一个是人，一个是风景。"以"玻璃盒里的协奏曲"为设计基调，设计师顾忆为朵云书院西南首店——成都交子店确立了主旋律：以艺术为主题，开启一场关于人、关于风景的生动演绎。在这里，"协奏曲"并非一个抽象概念，漫步书院内外，调动起所有感官，建筑的"韵律"昭然若揭。

　　2021年9月28日，"玻璃盒里的协奏曲"开始演奏，经过两年运营，2023年8月18日，交子店又一次焕新升级，这首"协奏曲"开启新的乐章。

起·图书

　　一家以艺术为主题的书店，刚好契合这座城的脾性。考虑到成都的艺术群体，朵云书院交子店定位为泛艺术书店，不仅可以辐射周边的艺术院校，还可以吸引年轻的艺术创作者，为他们提供创作交流的空间。

　　在形态上，这家书店颇具独特之处，它分为东、西两馆，形成古今对照。东馆的图书区以"赛博探新"为主题，精选1900年之后的艺术潮流图书。除图书区以外，东馆还有文创区和餐饮区，为读者提供阅读、休闲、品尝美食的综合空间。

　　西馆的图书区以"烂柯考古"为主题，精选1900年之前的古典艺术图书。西馆内部特别设计圆环形空旷场地，为读者提供安静冥想的一席之地，也提供了艺术品的展陈空间。

　　东西两馆的图书陈列，在传统的图书分类之外，还会根据

朵云书院交子店"秘境区"

古典与现代在两馆之间作出划分，比如同属建筑类别的梁思成《中国建筑史》与《扎哈·哈迪德全集》，前者在西馆，后者则在东馆；而同属戏剧的《莎士比亚全集》和《曹禺戏剧全集》，作为 16 世纪作家的莎士比亚位于西馆，而作为 20 世纪中国戏剧巨匠的曹禺作品则在东馆。

　　朵云书院 交子店的图书包含东西方美术、音乐、建筑、戏剧、电影、摄影、设计等八个门类。除东西两馆外，在书店地下一层特别设置了"秘境区"——艺术图书展陈。在这条光线幽隐的 18 米长廊中，一条从原始岩壁画到现代先锋的艺术史书籍时间线徐徐展开，令读者仿佛置身于浓缩的艺术时空隧道。

承 · 空间

作为书店设计师的顾忆热衷"做减法"，不追求"第一眼的惊艳"，而是追求耐看，是嘴角的微微一笑，是人在空间里待得住。他认为，读者进入一方空间最舒服的状态是昏昏欲睡。"昏昏欲睡是什么样的概念？松弛的心情，满满的安全感。"

就像他在"上海之根"广富林的作品——朵云书院广富林店，跨出上海的交子店延续了动静相合的特点。东、西两馆，两个空间一方一圆、一刚一柔、一动一静。

东馆在规整的方形空间内，着重表达流动性，从地下一楼暗合自然之光的庭院与秘境，到一楼热闹的书店，再到二楼屋顶咖啡花园，整体呈现年轻态的氛围；而西馆则利用圆形空间和弧形动线，让人们互不打扰，径直走入其中，无论是谁都会不由得把自己调成"静音模式"。

身安与心安，或许是一家书店能送给一个区域、一座城市的人们最好的礼物。

转 · 烟火气

运营两年，结合成都当下潮流、艺术文化，朵云书院交子店在国内头部书店阵营占据领先位置，特色艺术书店定位鲜明。

不止步于此，书店人还想带给读者更多"味道"。"焕新"之后，不仅有书，以"人间理想"碰撞"人间烟火"为新特色，

朵云书院交子店西馆

引入川菜、川茶、川式夜宵等美食体验，进一步探索书店当下有机运营的新模式。

新增的创意川菜，将四川文化餐厅品牌"南堂馆"的美食艺术与艺术文化融合。一座透明旋转楼梯重新连接东西两馆，书的"扉页"落在外摆区，与公园景致交织，以书会友，不亦乐乎。

事实上，"不止于书"一直是朵云特色，交子店试营业期间，十位艺术家创作的"玻璃盒里的协奏曲"成都印象版画展就令读者印象深刻，此后，艺术展览不断。"朵云·交子谈艺录"邀请音乐、美术、戏剧等多个领域的艺术家和从业人员，陆续来到书店，与读者进行深层次的互动。

文创板块中，既有世纪朵云自有文创，也有国内优质品牌、

连接东西两馆的螺旋楼梯

书的"扉页"落在外摆区

朵云书院交子店西馆艺术展厅

独立设计师品牌及进口品牌文创，还特别开发设计了有成都特色的熊猫文创、潮流文创，比如"Panda 不输"布书袋，融合熊猫、竹子、蒲扇、盖碗茶、串串等成都元素的走马灯烛台；以天府双塔和交子金融大街美景、交子之环、熊猫为创意元素的徽章及冰箱贴等。特色甜品"花椒美式提拉米苏"、特色饮品"盖碗茶咖"等，都是独此一家。

合·品牌

上海世纪朵云文化发展有限公司是上海世纪出版集团全资子公司，在城市的商区、园区、学区、社区打造一批集书房、讲堂、展厅、会场、文苑、客厅等多种功能为一体的新型阅读文化空间，并以"朵云书院"为核心品牌，快速形成门店连锁。

于 2021 年开业的浙江台州黄岩店与成都交子店，无疑是朵云品牌向外拓展的标志性事件。而落于西南的交子店，让来自黄浦江畔的这朵云飘得更远。

世纪朵云团队将书店的运营、管理标准输出，更是上海文化品牌的确立与输出。正如世纪朵云总经理凌云在交子店开业时所说，"天府之国"成都是位于中国西南地区的文化重镇，具有丰厚的文化积淀，实体书店在这里的发展也异常繁荣，多种类型的实体书店在这里共生共荣。在成都站稳脚跟的朵云书院，让海派气息与蜀地风味混合成一种新的韵味。

这支协奏曲，起承转合，余音袅袅。

朵云书院交子店

地址：四川省成都市高新区交子大道287—289号

公司名称：成都高投资产经营管理有限公司交子大道分公司

开业时间：2021年9月28日

店铺面积：1123平方米

员工人数：10人

营业时间:10:00—22:00

联系方式:15882008550

大隐书局徐州店:
打造书、食、茶、艺之所

◆ 文 / 彭可　图 / 大隐书局

大隐书局徐州店外观

徐州大龙湖彩云里大隐书局（下简称"大隐书局徐州店"）是这个城市第一家开在售楼中心的文化栖息之地，里面铺满了琳琅满目的文创产品和优质图书。在图书选品上，不仅与徐州当地特色相契合，精挑了以徐州人文以及云南文化为主的书籍，同时也兼顾到了文学和历史这类深受年轻人主流偏爱的图书品类。

书局以大自然作为创作媒介，将艺术和自然有机结合。空间使用大地色系，将云南民族元素装饰带入其中，呈现出现代时尚又富有异域风情的感官体验。

一进门左侧就是撸猫馆。时下社会，猫作为人类最好的朋友，养猫除了为生活增趣、给心灵慰藉之外，还是人与人之间增强沟通的纽带（目前书店养了两只可爱的小猫咪，一个叫 Tiger，是一只拿破仑，它是个嘤嘤怪、粘人精；另一只叫 COCOA，是一只小金点，胆大可爱），欢迎来书局撸猫（笑脸）。

大隐书局徐州店的屋顶，采用了全藤编工艺配以老榆木打造，交错中诉说了匠人的辛劳和大自然的美好。接下来映入眼帘的是"水性杨花"区域，源于云南特有花种"水性杨花"，顶部灯饰造型也是模仿水性杨花打造，下方水池云雾缭绕，呈现出"如纱似露亦烟雨、幻梦缥缈异域天"的意境。

而云南独有的植物品种——大理山茶花、罗平油菜花、腾冲银杏及圆通山茶花等组成的花艺，遍布书局各个角落。

工艺美术大师陈绍康的建水陶，以新奇古美的艺术造型与功力深厚的书画装饰，为大隐书局增添亮色。

吊脚楼休闲区，设计灵感来源于云南特色建筑吊脚楼，底

书店里的猫

"水性杨花"区域

云南独有的植物遍布各个角落

吊脚楼风格休闲区

部架空设计，梁柱均采用云南当地的老榆木。古老的吊脚楼特色建筑，作为民族文化的记忆载体，与大自然浑然一体。在这里，不会被时间追赶，不会被思考留下的伤口吞噬快乐。

店内经营着 COSTA 咖啡，在为读者提供阅读的同时，也能让他们享受到美味的咖啡。COSTA 咖啡，1981 年起源于英国，以低温缓慢烘焙咖啡豆为特色，口感更为醇和，无焦糊味，已迅速遍及全国各大城市，成为与星巴克并肩的连锁咖啡品牌。

书店内专门开辟的文创空间，既陈设着来自大英博物馆、大都会博物馆、V&A 博物馆等众多全球知名博物馆的文创产品，也有来自《海贼王》《冰雪奇缘》《天书奇谭》等闻名遐迩的 IP 衍生品。当然，时下流行、受追捧的盲盒也必不可少。值得一提的是，店里还有儿童益智类玩具的选择，充分满足了

文创空间

不同读者群体在书店"买买买"的多样性需求，让人欲罢不能。

朝朝暮暮烟火气，杯盏温柔漫人间。炊烟里品人生，美食中再相逢。读者在大隐书局里不仅能够享受丰富的精神食粮，同时身体能量也能得到补充。为了读者，大隐书局上新了美味的简餐，味道美味，价格低廉，在享用完美味的简餐后，躺在舒适的沙发读书，喝着美味的咖啡，享受惬意的下午时光，对

舒适的休闲区

于热爱美食的人，运气都不会太差，毕竟食来运转。

大隐书局为读者不仅提供温馨舒适的室内环境来读万卷书，更注重行万里路。

汉服以其独特的造型和细腻的工艺赢得了全球的关注和喜爱。它们不仅展现了古代文人雅士的气质和风采，更体现了中国人对自身传统文化的自豪感和自信心。无论是男式的长袍和

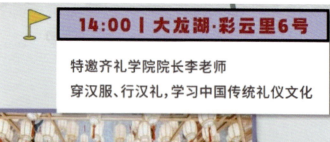

汉服活动预告

马褂，还是女式的旗袍和褙子，每一件汉服都独具特色，展现了千年文化的精髓。

　　因此大隐书局徐州店多次组织读者进行穿汉服、行汉礼，学习中国传统礼仪文化及汉文化采风活动，突出"汉文化、徐州味、烟火气、时尚潮"，以汉服为重要载体和元素，邀请读者穿汉服、品美食、游徐州，进一步体验徐州的"国潮汉风"汉文化，"快哉彩云里大隐书局"。围绕"看得见""穿得出""吃得着""带得走"的汉文化和"缤纷阅读生活"，使读者感受楚韵汉风的文脉悠长，收获回味无穷的读万卷书行万里路的体验。

大隐书局徐州店

地址：徐州市云龙区大龙湖街道汉风路中茵广场彩云里
6 号大隐书局

公司名称：大隐书局徐州店文化发展有限公司

开业时间：2021 年 10 月 28 日

店铺面积：1500 平方米

员工人数：5 人

营业时间：9:30—20:30

联系方式：彭可 15262006651/17696577726

钟书阁深圳店：
藏在漩涡里的秘密宝藏

◆ 文／张殊崙　图／钟书阁

　　嘿，亲爱的书友们，听说了吗？在深圳，藏着一处知识的宝藏，那就是钟书阁深圳店！它位于深圳的心脏地带——福田区的中心书城。这里可是深圳的交通枢纽，无论你是自驾、公交还是地铁，都能轻松到达。

　　这里可不是你想象中的那种沉闷的书店，而是一个充满活力和创意的文化空间。

　　别具一格的大门，书架上摆放的创意装饰，还有那独特的空间设计，都让人眼前一亮。每一个角落都充满了惊喜，让你不禁想要探索每一个细节。

　　走进店里，首先映入眼帘的流线型巨大红色螺旋书架，是设计师为深圳店量身定制的艺术装置。

　　简直像是踏进了一个又一个知识的漩涡。该书店设计师是唯想国际创始人——李想。她有天马行空的想象力，擅长把书

钟书阁深圳店门头

籍的定义融入到书店每一个角落，竭力营造出一种钟情于阅读时的氛围感和空间情绪。店内共划分为概念区、论坛区、儿童阅读区和休闲区四个区域。

钟书阁深圳店里的书，那可真是琳琅满目。无论你是文学爱好者、科技迷还是哲学思考者，都能在这里找到属于你的那片天空。别看地方不大，可书香却满满。新书、旧书、经典、流行，应有尽有。除了书，这里还有各种文化活动等你来参加。讲座、读书会、手工艺课……让你在知识的海洋里畅游的同时，也能感受到不一样的文化体验。

对了，如果看书看累了，别忘了去休闲区品尝一下他们家的特色咖啡和小食。钟书阁深圳店咖啡区，是一个充满文化气息的休闲空间。这里不仅提供优质的咖啡，还展示了各类书籍和艺术作品。咖啡区的装修风格融合了现代与传统元素，暖色

螺旋书架

调的灯光与木质家具相映成趣，营造出温馨舒适的氛围。顾客可以在这里一边品味香浓的咖啡，一边沉浸在书海中，感受知识与文化的碰撞，绝对是美味与精神的双重享受哦！

咖啡区

论坛区是一个集知识交流、思想碰撞于一体的文化空间。这里不仅提供了一个安静的阅读环境，还有各种主题的论坛和研讨会，吸引着各领域的专家学者和读者共同参与。

在论坛区，人们可以聆听讲座、交流心得，共同探索知识的边界。这里不仅是学习的场所，更是启迪思想的殿堂。来到这里，每个人都能感受到知识的力量，也能找到志同道合的伙伴，一同追求卓越。

再往里走，原本的科技风又会摇身一变成为小朋友们最喜爱的多彩梦幻风，这里是儿童阅读区，简直是孩子们的梦想天堂！这里色彩斑斓，装饰超可爱，一走进去，孩子们的眼睛都亮了。书架上摆满了各种好书，从搞笑的漫画到神秘的科普，每一本都让人爱不释手。

而且，儿童区还有专门的互动体验区哦，让孩子们在玩乐中也能学到新知识，增长见识。最棒的是，爸爸妈妈也可以在这里陪伴孩子，共享亲子阅读的乐趣。在这里，孩子们可以自由地畅游书海，放飞想象力，快乐成长。旋转木马的梦幻设计别说小朋

论坛区

儿童阅读区

友，连我这个大龄儿童也被深深吸引！试问谁不想像童话里的公主一样坐在旋转木马上看书呢？

这个宝藏之地还有一大魅力，那就是它独特的文化碰撞。古今中外、传统与现代，都在这里交融、对话。仿佛走进了一个时间隧道，让你感受到文化的深厚底蕴和无限可能。

钟书阁深圳店不仅是一个书店，更是一个灵魂的栖息地。在这里，你可以暂时忘掉外界的喧嚣，静下心来感受那份与知识的亲密接触。每一次翻阅，都是一次与自己内心的对话。

所以啊，如果你在深圳，不妨抽空去钟书阁深圳店逛逛。说不定，你会发现一个全新的自己，找到那份久违的阅读激情。记得带上你的好奇心和探索精神，一起去寻找那些隐藏在书页间的秘密宝藏吧！

钟书阁深圳店

地址：广东省深圳市宝安区新安街道海滨社区欢乐港湾
2 号东 L1-021 海府路 1 号华侨城欢乐港湾东岸

公司名称：钟书阁（深圳）文化图书有限责任公司

开业时间：2021 年 10 月 30 日

店铺面积：1153 平方米

员工人数：14 人

营业时间：10:00—22:00

联系方式：0755-23146093

钟书阁佛山店：
奇幻的"镜像空间"

◆ 文 / 丁黎明　图 / 钟书阁

　　闲暇时光，与好友一起打卡广东最美书店——钟书阁，再一次被它的美深深吸引。之前曾去过松江泰晤士小镇钟书阁，一度被它的美所震撼，留下了深刻的印象。

　　"钟书阁"作为国内知名书店品牌之一，一直以来遵循"一城一店、一店一风格"的理念，对当地的文化进行人文表达。钟书阁佛山店亦是如此，它的设计结合了现代审美和岭南文化的特点，旨在成为一个融合艺术、阅读和休闲的多功能空间。

　　书店一共有2层，占地面积约2500平方米。是钟书阁全国的第33家门店，也是广东省最大的一家。总藏书量超5万册。

　　从商场3层进入钟书阁的大门。映入眼帘的是书店的正门，一块巨大的玻璃幕墙，中间挂着一块黑色牌匾，"钟书阁"三个字散发着古色古香的气息，很难不吸引人驻足停留，想进去一探神秘。

钟书阁佛山店正门

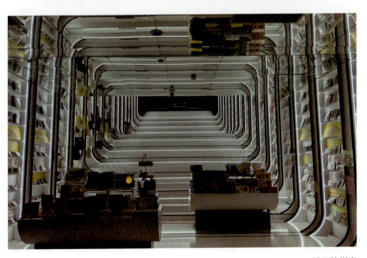

镜面阶梯廊

进门的楼梯就是网红拍照点，纯白的阶梯设计、对称的落地书架，层层叠叠中透露出色彩与结构美学。进去之后感觉像进入一个奇幻的新时空——镜像空间，也可以说像进入了一个四维的空间，让人无尽遐想。一进门就感受到了独有的科技感。

阅读大厅全景

　　顺着楼梯的延展方向，进入书店的中心地带，能够感受到流线型书架的环抱与簇拥，顶部大量的镜面运用，延伸了空间感。漫步其中，有种迷失时空之感。

　　整个书店的装修都让我有种置身时空隧道的感觉，宽敞明亮，线条感极强，环境舒适。店内设有电梯、台阶和旋转式楼梯以便顾客通行。风格上也比较有科技感，与万科里商场本身的元素比较一致。

空闲时间可以去挑选一本书，点一杯咖啡，坐下来享受悠闲时光。想探店打卡的小伙伴，也可以到这最美书店打卡一下，拍照出片率也是相当高。

除了图书以外，还有很多文创用品：文具、拼图以及年轻人喜欢的潮玩盲盒、文艺插画等等，无不流露出贴心与新颖。很多来过的年轻朋友对店里文创小玩意儿都是爱不释手。

时空隧道

书店的运营也很用心，据店内小姐姐透露，根据节日的不同，店内会有各类节日活动，也会精心装扮一番，让每个活动都具有特殊的意义。刚刚结束的圣诞节活动也是人气爆棚。除此之外，一些当代有名的文艺作家也会在此举办签售会以及一些专业讲座。这简直是书迷们的一大福利。

这个带有神秘感的时空隧道也是别具特色。如果逛累了，不如停下脚步，点上一杯咖啡，拿起一本喜欢的书，坐在属于自己的空间角落享受惬意的午后时光。

　　看到这里，我不禁感叹，我所看到的不仅仅是书籍的世界，

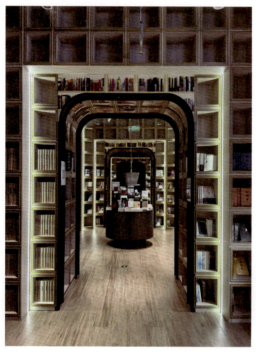

文学区局部景

更是这座城市背后蕴含的文化历史价值。在这里我们可以在文字中寻找共鸣，体验不同的情感与思想的碰撞。这里可以说是我们心灵的栖息地和精神的家园。

　　走到店内的儿童读物区，让我感受到了温馨又充满探险趣味。多种多样的洞洞，设计别具一格，孩子们欢笑的面孔，就

是对这家书店的认可。一位住在附近的小朋友告诉我：几乎每周都会和爸爸妈妈来这里，还会经常参加店内的亲子活动，手

儿童书屋——童话世界

作体验。

在这里，各国绘本与新派岭南醒狮设计风格相得益彰，这也是书店的一大空间亮点，糖果色的梦幻设计，就像置身于一个"童话世界"。如果周末宝妈们不知道去哪里玩，那么这个地方就是最佳选择。

儿童阅读区旁边书架上绘本、故事书、少儿百科等书籍种类众多，有许多小朋友和家长在这里一起度过温馨时刻。当然也有文创物品让孩子们流连忘返。如果玩累了，店内有各类饮品轻食，满足慢时光的餐饮需求。走到这里我不禁感慨，旅途

总是短暂的，但这份体验、这份收获是永久的。

钟书阁佛山店不仅拥有丰富的藏书，还通过独特的建筑设计传递出了强烈的视觉冲击力，使其成为了佛山乃至整个华南地区一个颇具人气和文化氛围的地标性书店。随着南海区推动文化和阅读空间的创新发展，钟书阁佛山店与其他多家新开业的美轮美奂的实体书店一起，犹如一座知识海洋中的灯塔，照亮每一位热爱读书的人。

钟书阁佛山店（万科 A32 店）

地址：广东省佛山市南海区八东路 18 号 A32 万科里广场三楼

公司名称：钟书阁（佛山市）图书有限公司

开业时间：2021 年 11 月 20 日

店铺面积：约 2500 平方米

员工人数：9 人

营业时间：10:00—22:00

联系方式：0757-81068019，17686840802

钟书阁石家庄店：
来静谧之地 阅读城市时光

◆ 文／若若　图／钟书阁

　　定位石家庄这座城市，向南，目标是钟书阁。

　　2021 年的冬天，第一次到了这里。开业不久的钟书阁石家庄店在欢乐汇的四层，在一号客梯处，一拐弯儿就是这所占地千平的书店。远远看过去，木质调的书店外立面散发着温暖、低调的质感，与纸书如出一辙；站在橱窗前，恬淡舒适的气息分明，仿佛是历史故人的一角花园。

　　一见如故，这应该是很多人与钟书阁的相识之初吧！

　　听说，钟书阁的特色就是"连锁但不复制"，到每一座城市，都会根据当地的文化特色进行重新设计，将不同地区的人文风情和历史脉络梳理进空间规划中。

　　果然如此，石家庄的钟书阁和这个城市一样，低调又温暖。设计师观物取象，从石家庄悠久的历史建筑中提取灵感，结合城市包容的气质，塑造了这宁静之地——钟书阁。

钟书阁石家庄店门头

等距的拱形门洞与内折叠书架

　　我第一次来，就被书店入口处的内折叠书架所吸引，仿佛一下子推开了一个魔法阅读世界，用经典的轴对称手法布置近乎圆形的空间，长弧形的阶梯完美营造出极富层次感的室内动线，罗马斗兽场般的空间里交织着历史的厚重与现代的轻盈……这就是石家庄的钟书阁，无论何时到来，这里都有一段充满人文气息的空间叙事。内部设置如此别出心裁，进去之后，身在其中则有些像深入迷宫，以至于经常有人找不到出口。

我顺着概念区老城墙一样的书架曲径前行，便是一个论坛

罗马斗兽场般的论坛区

区，这里总是有不同主题的活动，比如党建活动、巾帼风采、家风建设、读书分享会、新书推介会等。对了，作家李浩的工作室就在钟书阁，还在他的工作室举办过《灶王传奇》《一方丛书》等新书分享会，如果你是一个文学爱好者，那么可以常来这里转转，说不定哪天就能在这里遇到自己喜欢的作家，和他们聊聊天也是有可能的事儿。

在河北石家庄的钟书阁，看河北作家们写燕赵风土人情的《一方丛书》，别有一番趣味，他们通过具体可感的人物和事件，用小说、散文的方式书写河北的地方文化和风土人情。刘江滨说自己的《大地烟雨》是一部致敬家乡的书，他结合书中文章总结了文化散文的写作方法与心得。杨立元介绍了故乡唐坊桥小镇的历史，他表示，这本书就是为给家乡留下鲜活的历史资料。作家表

充满阳光的休闲区

示，在创作时尽量把文章写得通俗好看，同时又让读者在掩卷之后产生对人性的悠长思考。绿窗的家乡在冀北，她介绍了《城垛上的花魂》一书的创作过程。孟昭旺则用幽默诙谐的语言介绍了自己在故乡沧州南皮董村度过的少年时光。

听完细心的店员介绍后，我开始在店内闲逛。环绕论坛区一周，走在阅读景观长廊，布满了等距的拱形门洞，在镜面天花板和黑色瓷砖地面包裹中，秩序的深邃、阵列的美感，还有书架和长廊拱形门洞上的灯带，一路书香，一路生花，一路都是温柔的梦幻与静谧……

合理的功能区划分将异形空间的利用率提升至极致，那些别具一格的书架、书桌上，为读者所想而设，丰富至极，人文、社科、少儿类图书，并配合咖啡、文创产品……无所不有，覆盖了处于不同年龄段的读者所需。

再来看看写书的这些人，除了世界各地的作家，还有遍及各行各业的人士，如摄影师，建筑师、旅行者等，各国人士都有。即便不翻开书，仅仅是漫步长长书廊，身边便是万千世界、饮食文化、风俗信仰、技艺娱乐，世间的愁或喜，生与死……随手抽出一本，那文字都不会令你失望。

我看到有著名的外国文学作品，《堂吉诃德》《百年孤独》《月亮与六便士》都在你视线所及之处，也在你容易拿取的位置。《百年孤独》一点也不"孤独"，书中著名的开头被作家们反复提及，也被世人皆知："多年以后，面对行刑队，奥雷良诺·布恩地亚上校就会回想起，他父亲带他去见识冰块的那个遥远的下午。那时的马贡多只是一个有着二十余户人家的村落，用泥巴和芦苇盖的房屋就排列在一条河的岸边，清澈的流水急急淌过，河心处那些光滑、洁白的巨石宛若史前恐龙们留下的蛋……"在这儿，现在、过去和将来之间正来回穿梭。

兜兜转转，绕过光影变幻的书廊，就是与概念区并排相连的儿童阅读区和教辅区，一为彩色乐园，一为黑白之境。设计师以马卡龙色调作画，将自古即为"天下雄胜"、号称"现代

在马卡龙的色彩里融入了河北省元素的儿童阅读区是孩子们的彩色乐园

钢筋混凝土拱桥的祖先"的赵州桥和石家庄的现代建筑艺化为笔触，装点童真梦幻的儿童书架。为了防止尖角硬物对孩子的伤害，空间特意采用软包材质。柔软天地里，孩子们仿佛在视觉美餐中品尝建筑文化的精神食粮。

城墙元素的书架延伸至咖啡区内，设计师以线条雕刻整个空间，弧形的书架勾勒出曼妙的室内曲线。白色的灯带与条纹质感的吧台互相辉映，营造了温暖雅致的空间调性。连绵的拱形书架和极具线条感的纸伞灯具合围出一块洋溢钟书阁海派文

被称为黑白之境的学生书屋

化精致休闲氛围的领域。

那边，不远处断断续续传来店员与他人的轻声慢语，店员个个都是咖啡高手，制作的咖啡与书香碰撞，光影之间现实与梦想交织……再把视线拉远点，不远处一位孩子踮着脚尖正在寻找自己的童话。

有人轻声问：《小王子》？急切地答：不是。

再问：《爱丽丝梦游仙境》？又答：也不是。

"我自己来，我自己来。"孩子的语气分明地急切，直到手里翻到了一本《绿野仙踪》。

是的，在石家庄的钟书阁，在一个冬日的下午，一位美丽的妈妈和她的女儿说：住在堪萨斯草原上的小女孩多萝茜和她的小狗托托，被龙卷风带到了一个神奇的国度——奥兹国。在那里她遇上了稻草人、铁皮人和小胆狮，和他们一起踏上了通往翡翠城的旅程，并经过无数冒险，终于见到了奥兹国的大魔法师。但他们很快发现，大魔法师不过就是一个冒牌货……

"妈妈，你小时候看过吗？"

"当然，当时好像也在一个书店里，姥姥带我看的。"

……

咖啡与书香相结合的休闲区是给孩子们讲述书本故事的地方

听说，以前仅仅听说，钟书阁到每一座城市，都会根据当地的文化特色进行重新设计，将不同地区的人文风情和历史脉络梳理进空间规划中。果不其然，钟书阁石家庄店就是如此巧妙，完美地把城市的历史空间更加具象融合，打造了一个文化浸润的身心疗愈之地、静谧之所，有梦境与远方，能阅读人生与世界的寸寸时光。

钟书阁石家庄店

地址：河北省石家庄市裕华区裕泰路77号欢乐汇四层470A

公司名称：钟书（河北）文化传播有限公司

开业时间：2021年12月23日

店铺面积：1083平方米

员工人数：13人

营业时间：10:00—22:00

联系方式：0311--85210806　18830691520

钟书阁南昌店：
山水氲书香，书香润豫章

◆ 文／程倩　图／钟书阁

　　书店是一座城市的灯塔，城市因书店而灵动、因阅读而精彩、因文化而文明。钟书阁南昌店不仅为热爱阅读的读者们提供了精神世界的栖息地，亦在文创、餐饮、文化活动推广等方面形成鲜明特色，在永怀向上热爱、坐拥"西山东水"的豫章故都中形成了一道靓丽的风景线，让山水氲书香，书香润豫章。

　　书店是城市的文化名片，也是人们精神世界的栖息地。面对物质需求的满足，人们转而开始渴望精神世界的充盈，期待更多与精神对话的空间场所，来丰富自己的生活。书与人相遇，人与书结缘，一切总是从书开始的，一切总是从打开书店那扇门开始的。

　　人的情缘有千万种，而我却独与钟书阁南昌店结缘，并且产生了浓浓的感情。走进钟书阁南昌店，最先映入眼帘的是钟书阁最惹人注目的概念区，一幅意境十足的山水画跃然眼前。

钟书阁南昌店门口

概念区

顶部的镜面设计仿佛倒置的江水，形态各异却有序排列的书柜便是那置入江水中的山。看到这层峦叠嶂的山，我无意识地走进了李白的诗意世界，便忍不住吟一句："两岸猿声啼不住，轻舟已过万重山。"此刻，我放下了心中的石头，静待岁月翻涌成诗。

概念区在看到的那一刻便已深入人心，让人禁不住前往并流连其中。此时我来到了位于概念区左后方的时光童书馆。花草树木造型的书柜显得充满童趣，孩子们在知识的浸润下像大树一般茁壮成长。时光童书馆里，熠熠闪烁着一簇簇黄色灯光，像花的蓓蕾在做着盛开的梦。在这个童话般的世界中，可以尽

时光童书馆

情地享受亲子时光。据了解，每逢周末和节假日，时光童书馆都会举办绘本课活动，这样的亲子活动也增添了书店文化活动的多样性。

文创区

党政室

穿过概念区来到文创区，书店的墙面有序地摆放着各式各样精美的文创产品，在书店的活动展示区域，我看到了外围打着好看的蝴蝶结的平安小猪，旁边摆放着一盏带有古韵的书灯，灯光熠熠，温暖无比。看到外围还贴着充满童趣、色调鲜明的圣诞节宣传海报，看到此景，我才意识到年末将至，橘黄色的灯光照亮了回家的路……

沿着文创区一直走，右手边便是党政室了。一走进去，便看到许多学生党在这里自习，自习区里飘散着咖啡的香气，翻动书页的声响划破宁静，暖黄色光线从头顶吊灯倾泻。在这里，我拥有着充裕的阅读时间，一群人坐在一起，即便不说话，也很开心。

阅读区

一出党政室，便是阅读区了。一个深邃狭长的空间，延续地面的镜面材质，搭配整洁有序的立面书柜和书籍剪影的顶灯，仿佛乘坐小船摇曳水中，驶入了又一个宝藏空间。此时逛累了的我随意拿起了一本书，坐在墨绿色的柔软舒适的沙发上，开始享受这宝贵的独处时光。

　　走过阅读区来到桥洞交错的咖啡区。据了解，设计师以南昌境内的大桥为创作灵感，高大的拱洞不仅可以方便两岸人的通行，更是连接人与人精神交流的重要存在。在这里，我看到了一个女生正和她的外国友人用英文畅所欲言，亲切的交谈伴

咖啡区

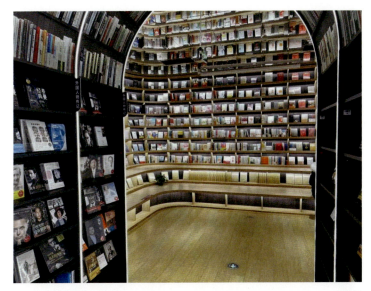

论坛区

随着咖啡的香气，让我感受到了全身心的放松和愉悦。

论坛区隐藏于咖啡区的内部。三面环绕的 U 字形通天书柜，搭配隐藏在柜体中的发光灯带，宛如一个与世隔绝的神圣空间，让置身其中的人瞬间褪去浮躁，心静如水。

钟书阁南昌店在这里举办过很多场读书分享会，邀请优秀的作家来分享解读他们的作品。读者与这些作家面对面交流，碰撞出思想火花，现场学术氛围十分浓厚。钟书阁南昌店还在此举办过公益捐赠活动，以公益的形式，让爱心传递、书香永存。

书店是一个城市的精神灯塔，是传播文化的重要空间，更是城市的文化地标。钟书阁南昌店在读者朋友们的期待下逐渐变成了一个集书籍销售、文创、餐饮、文化活动等功能于一体的综合服务空间。给热爱阅读的读者朋友们提供精神世界的栖息地，在豫章故都造就了一个"文化地标"，让山水氲书香，书香润豫章。

钟书阁南昌店

地址：江西省南昌市红谷滩区庐山南大道 525 号地铁万科广场 3 楼

公司名称：江西钟书阁文化传媒有限公司

开业时间：2022 年 1 月 22 日

店铺面积：670 平方米

员工人数：9 人

营业时间：10:00—22:00

联系方式：李宏 17307904009

大隐书局台州店：
探寻理想书店的外埠范本

◆ 文 / 拾柴　图 / 大隐书局

　　"大隐隐于市"，是我第一次听到大隐书局时想到的话，后来得知它的确得名于此。

　　大隐书局的系列书店是自上海淮海中路武康大楼店发源，与宋庆龄故居比邻而居。从 2016 年—2023 年，大隐书局在上海、苏州、台州、徐州、无锡等多地落地生根，生长起一座座引人入胜、各美其美的书店。其中，大隐书局台州店在外埠，且时常被提起，引起了我的种种好奇，于是趁着双休闲时，特地来台州看一看这座美丽的书店。

文化地标在台州

　　搜索台州可逛之处搜到了大隐书局，小红书上介绍：大隐书局台州店位于葭沚老街，这里是椒江历史上重要的商业区，始于唐、建于宋，兴盛于清中期，长度近千米，通江达海，是台州最繁华的商业街区之一，也是国家非物质文化遗产送大暑船的发源地，承载着老椒江人民的历史情感和文化记忆。我平时也是个爱书之人，于是，我决定去看一看。

我从葭沚老街南广场进入，于文昌阁不远处，便望见大隐书局台州店。仿古建筑，红木朱漆，廊檐高翘，正门上方悬挂着"大隐书局"四字鎏金匾额，尽显国风之美。等进来后，发现大门不止一个，还有另外一扇门通向一个小花园，如同庭院一般，看来这真是一个别有洞天的地方。我曾在网上见过夜色

大隐书局台州店外立面

降临下的它，书店灯火暖意流露，更有古典意境，文昌阁《锦绣文昌》《在水一方》等灯光秀也让读者感到意外之喜。

春秋战国时期，《考工记》中曾提到建筑美学的标准："天

有时，地有气，材有美，工有巧，合此四者，然后可以为良。"置身这所书店外，脑海里便浮现这篇古文，这次有幸得以亲身体悟，深觉不虚此行。

走进书店，新中式风格和典雅大方的设计陈列，让人眼前一亮。展柜和书架均采用原木色，与书本身温暖妥帖自成一体。既有落落大方的观感，又有亲近随和的气质，让我感到闲适自

全球博物文创区

在，和书店的心理距离近了很多。琳琅满目的博物文创、数万册的书的体量也让我震惊。书店里的读者很多，有些像我一样走走转转，也有很多沉浸书香，投入书里的世界。很多书都有试读本，可以直接翻阅。

在书店闲逛的好处是你会突然邂逅自己曾想读但迟迟没读的书，我选中了马伯庸老师的《显微镜下的大明》，到中庭读，

新中式风格的设计陈列

结合楼梯打造的约 7 米高的书墙

店员还贴心地给我递了一杯温水。随后我便发现这里与很多自助式的书店不同，很多读者会像好朋友一样和店员聊一聊。店员也会主动提供一些服务，比如像递一杯水或是介绍书店抑或是景点、美食。我大概理解了，为什么很多人会常来这里，店员给予的"温暖"和"体贴"应该是主要缘由之一。其实这种服务态度我在上海店也有体会，台州店循善从之，可见大隐书局一如既往保持低调的善意，不论它是开在何地。

从一楼到二楼，需要走楼梯。结合楼梯打造的约 7 米高的书墙，是一道瞩目的设计。每层书架都安装了暖色灯带。楼梯顶采取镜面设计，书墙倒映在上面，从下往上看有无限延伸之感。拾级而上，我不禁联想到高尔基的名言"书籍是人类进步的阶梯"。

从此及彼，由表及里，这里的每一处细节，都蕴藉着用心和思量。它的人文气质是时空中流淌的诗，它的审美表达，又可作为新时代美学的弄潮儿，而工作人员的真诚相待，又增添了人情味儿。百闻不如一见，直到我亲身感受它，才理解为什么一家书店竟可以同时收获"文化地标"和"网红打卡书店"的赞誉。

阅读是一家书店的本质

书店的核心始终都是阅读，在这里，我体会到了这家书店对阅读本质的坚守。书籍丰富多样、应有尽有，更重要的是，书店的选品非常到位。

还有一些小众优质的书籍，如《现代性的性别》《万古江河》，这些我之前只在网上看到过，在这里都可以信手打开，一饱眼福。

听店员说楼上还有"葭沚书房"，于是我也探访一番。前

店内陈列的书籍

期刊陈列区

重点展陈的书籍 二楼葭沚书房

面从葭沚老街过来，书房取名也有"葭沚"，深入了解，才知晓这里地处椒江南岸入海口，西与栅浦接邻，东南有葭沚山，古有称蓬莱岛。"葭沚"便得名于此。从字义上讲，"葭"是初生的芦苇，"沚"是水中的小洲，"蒹葭苍苍，白露为霜。所谓伊人，在水一方"。以"葭沚"为名，也为书房添加了诗意。

　　走了上来，感觉空间雅致安静，图书种类繁多，我还看到了当月的活动表海报。看来偷得浮生半日闲，或读书或参加活动，都是这个书店能给予的美好。

　　此外，这里还具有"公共图书馆"属性，所有图书都面向读者借阅。附近的居民只要来过这，往往会自然而然地办一张借阅卡。当借书、还书成为自己生命的日常，那么看书便成为自己生活不可或缺的一部分，并能与其他专注读书的读者互为勉励，自我教育和环境教育得以同时完成。对于一个城市而言，许许多多的读者串联起来，便绘就了一幅美丽的"全民阅读"的画卷。

在地特色是台州店独有之处

偶尔间，也去过上海的大隐书店，风格略有不同，今日来到此处，既有熟悉感又有不同处，书香气息依旧令人回味。台州人杰地灵，更有非遗的特色，书店便将这一独特魅力兼纳其中。比如用来曲艺展演的中庭，其建筑风格沿袭了老街本身的古典气质；再比如，引进浙江省级非遗、中国民间刺绣、被誉为"东方瑰宝"的台绣文创产品，让更多的读者得以了解采用雕镂和刺绣相结合的台绣是如何精巧，让人深深感受到传统工艺的独具匠心。

缤纷活动点亮读者生活

听这里的店员说，书店和图书馆内会有丰富多彩的活动，免费向读者开放，店内张贴的海报上写着"本本可读，本本可借"的想法，也是颇有意思，借阅＋活动，一动一静，可以说是"文化精神服务中心"。这也更显示出这家书店的勃勃生机。

巧的是这次出行，幸运地赶上画家何达"禅意中国鸟系列"艺术个展。何达以典型的西方绘画史中的主体绘画方式——油画来进行创作，而所绘制的内容——鸟，又是常见于中国传统绘画却少见于西方绘画的题材，这种构思精巧新奇，十分有趣，观展的游客往来如梭，看来这也是大家忙碌生活中美的抚慰。正如英国艺术家乔舒亚·雷诺兹所言："屋中有画，等于悬挂了一个思想。"在这里，读者可享受思想流动的盛宴。

台绣文创产品

　　看着在这里或驻足游览或沉浸书中的读者，我想到一个问题，大隐书局台州店最打动人的是什么呢？是初见欢，遇见满屋精挑细选的好书的欣喜？是触摸非遗，感受到传统工艺的回忆？是在文化活动中感受到学者的渊博学识，并能与之对话的悸动？或许每一个与大隐书局台州店相逢的人都有独属于自己的心动点，但对于我而言，用温情和善意以不同的方式让读者感受到一份可以从心底油然而生的愉悦，这是大隐书局台州店最熠熠闪光的地方。而这也是大隐书局"聚是一团火，散是满天星"背后的答案——以利他出发所做的日日精进的努力，终究会为他人，也为自己带来幸福。

大隐书局台州店

地址：浙江省台州市椒江区葭沚老街南广场一号楼

公司名称：台州大隐书局有限公司

开业时间：2022 年 2 月 17 日

店铺面积：2000 平方米

员工人数：19 人

营业时间：10:00—21:00

联系方式：13616696107

钟书阁银川建发现代城店：
邂逅钟书，不止网红

◆ 文 / 祁宏福　图 / 钟书阁

这两年，银川的文化地标越来越多，钟书阁银川建发现代城店（下简称钟书阁现代城店）始终是个特殊的存在。不论是从亲朋好友中间，还是在社交媒体上，所有能够看到的，乃至听到的关于钟书阁的信息，多数印象以网红为主。这是家网红

钟书阁现代城店门头

书店，也是银川这座城市的"最美书店"。

对此，我始终怀有疑问：难道所有人去这家书店，都是冲着拍照打卡去的吗？这样一家书店，真的仅仅因为"美"，才俘获这么多读者的芳心吗？秉持着这样的疑问，也带着些许期待，我踏上了久违的钟书之旅。

坦率地说，在尚未踏足这家"最美书店"之前，体验并非十全十美。因为书店所在的商业体，旁边便是银川久负盛名的妇幼保健院。这里医疗资源雄厚，加上近一两年，流感横行，很多前往医院就诊的患者因无法停车，纷纷地挤占了书店所在商业体的车位，使得作为一名普通的顾客，停车体验并不是很好。但这家书店的名气确实是尚未驻足，已然领略了几分。

钟书阁现代城店内部实景图

　　我听到不少的顾客都在问："钟书阁怎么走？"于是借着这股东风，我也径直往钟书阁所在的建发现代城6楼走去。

　　钟书阁现代城店占地两层，6楼的门口呈现着一个硕大的展台，明显以文学类的图书为主；7楼上去颇为典雅，一侧是空中花园，另一侧则是钟书阁文创区的入口。

　　6楼门口的展台，是两层书店最大的一个展台，视线范围所及之内，国内外畅销佳作尽数涵盖于此，一览无余。

　　门口黄金的C位，明显给了余华等国内外知名作家，这和我前往一家书店前的判断基本吻合。

　　我向左走去，立刻被"新书区"吸引。也许对很多家书店而言，新书都算不上绝好的码洋区域，但这家"最美书店"愿意把一进门的显赫位置给到这样一个图书品种，我顿时产生了敬意。它也许会考虑到码洋和创收，但最重要的位置还是留给了读者。并且在这些区域，都有足够的拆样，很多知名作家的佳作，很多让读者心生趣味的新书，读者不用再胆战心惊地询问工作人员一声：

"您好，这书可以拆开看吗？"

它已经拆开了，读者可以近距离地和这些好书产生连接，哪怕部分书的品相按这样的翻阅速度，也许有一天便会被消耗得面目全非，但是越如此，读者越满足，我心中渐起的敬意也越浓。

如果以这家书店的收银台为界线的话，文学图书的分布有着很浓厚的区位色彩，便于读者查找相关图书。收银台左侧为国内文学，右侧则为外国文学。说到找书和查书，除了现场的工作人员会耐心细致地解答图书所在位置以外，现场还贴心地用电视广播的形式宣传了钟书阁公众号的"查书找书"方法，为读者提供了便利。这也是一大闪亮的细节。

在我逛完了文学类图书时，钟书阁现代城店的最标志性的打卡圣地便映入眼帘了。中国历史和外国历史区的中间有着层峦叠嶂的主台阶，可以席地而坐，以书为友，柔和的光线和独特的设计，使得这块场地成为了拍照打卡留念的不二选择。

除了拍照打卡之外，踏步梯的主区域还作为 6 楼与 7 楼之间一处重要的连接，便于读者上下行走。

钟书阁现代城店的 7 楼，同样是一块世外桃源，这里图书的种类极其丰富，涵盖了除文学历史之外，几乎所有的文学种类，无论你是对社会学、哲学感兴趣，还是对商业经管、科普、心理学感兴趣，也无论是希望带着孩子在儿童读物的广袤世界里无限遨游，还是想跟随三两好友寻求生活中的美好细节，钟书阁现代城店的 7 楼都可以满足你的这些愿望。

而儿童区的亲子阅读区，则是一处浓墨重彩的亮色，如果你带孩子来，会有亲和友善的老师带着你的孩子一起沉浸在绘本的世界里。而你可以在外面的会员专属区，看着自己的孩子一步步地成长，孩子的笑容一直映在脸上，也在这家书店不断闪现。

如果想要品尝咖啡和软饮了，这里还有干净的咖啡区可以给你提供服务。咖啡豆足够浓郁，咖啡的香味在四处游荡。一个闲暇的下午如果在这里度过的话，的确是值得回味了。

抛开网红的属性，这家书店仅仅只作为"书店"来说的话，也具有足够的说服力了。几万册的藏书，并不完全局限于各种热门书和畅销书，很多并非热门、但是为书虫所独爱的冷门佳作，你也会在书架的某一处角落和它奇迹般地邂逅。书是孤独的，读者的内心也许也是孤独的，但是互相遇到了彼此，两颗孤独的心便有了连接，从此不再孤独了。

作为一家书店重要的组成部分，7 楼入口处一进来，便是文创区。文创区首先映入眼帘的便是浓厚的过节气氛。精巧的圣诞装扮会让你很快意识到：甭管一年中有多少忧伤，书店里各种各样的美都可以来治愈你消沉的内心。货架上的文创产品琳琅满目，涵盖了当下热门、时尚的新品。当我在这里穿梭而过的时候，只觉得心情好舒服，好轻松，好像在奇幻的世界里慢慢走过。这种场景并非来自于荧幕上，此刻，我正在和它手

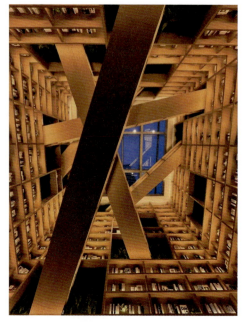
钟书阁现代城店天井设计

牵着手，心连着心一道走过。随手买了一些时下热门的文创玩具，无论是送给好友还是送给忙碌了一年的自己，都是满满的治愈力。

当我漫步在这硕大的书店空间内，再缓缓地踱步而出。我不由得发出感慨：难怪这么多人找书都会来这里了。这里不仅适合打卡，它最明显的烙印是：这一家书店，无关乎最美，无关乎网红，它只是银川这座城市里，所有读者内心深处特殊的一个港湾。

幸好有它，钟情于此，绝不止"网红"。

钟书阁银川建发现代城店

地址：宁夏银川市兴庆区建发解放东街建发现代城 6—7 楼

公司名称：钟书（银川）文化传播有限公司

开业时间：2022 年 8 月 18 日

店铺面积：1700 平方米

员工人数：14 人

营业时间：9:30—22:00

联系方式：15202607297

光的空间嘉兴服务区店：
悠悠旅途，不妨闲看

◆ 文 / 何辰悦　图 / 光的空间

　　2023 年 6 月，听闻在传统意义上应以快节奏消费为主体的长三角沪杭高速嘉兴服务区里开了一家新型书店，不免思绪翩翩，想象这究竟是一家迎合了快节奏消费、类似于旅友书屋的速读空间还是在快节奏浪潮中坚持深耕文化的传统书店？转念一想，倒不如借着去杭州的机会走进这个"显眼包"一探究竟。

　　去之前，与同行的朋友提起对于这个新型书店的好奇，朋友几日前才从杭州自驾返回，稍加思索，便给予了反馈：在那个店里，可不仅仅有图书，还有许多新奇的东西，相较于新型书店的称呼，文化空间也许更为合适。印象最深刻的地方就是一个有着哔哩哔哩虚拟主播的有声大屏。在那个大屏里，呜米和咩栗像店员一样为顾客介绍书店提供的服务，实在是太特别了！如果你看到，一定也会为她们驻足的！

　　带着这份期待，历经一个多小时的车程到达嘉兴服务区北

区，乘着手扶电梯进入二楼，"光的空间"映入眼帘。一眼望去，简约朴实的原木色方格高柜与躺台结合，放置着多种多样的书籍与琳琅满目的文创产品。再向内走两步，传说中的大屏便出现了。

"欢迎来到新华文创光的空间嘉兴服务区店，我们是本店的虚拟店员，哔哩哔哩的虚拟偶像呜米和咩栗。旅途劳累，大家在这里休息的话，可以看一下我们这边的纸质好书。如果您渴了，我的其他同事会为您制作咖啡。还有更多精美的文创产品，可以买一些作为纪念哦……"一个长着羊角的大眼萌妹和一个长着狼耳朵的少女在屏幕旁出现，充满活力的声音为书店增添了几分色彩。其中，有着羊角的大眼萌妹是咩栗，长着狼耳朵的少女则是呜米。据店长介绍，她们是几年前在 B 站上出道的虚拟主播，是一个名叫"MeUmy"的虚拟偶像组合。出

被虚拟偶像吸引的旅客

嘉兴南湖红船的模型，是"光的空间"与嘉兴本地文化的结合

道后，凭借具有特色的外形与声音吸引了大量粉丝，并发布过属于自己的原创歌曲，本次她们与"光的空间"的结合是虚拟主播形象加入实体门店的一次有趣尝试。

店长还骄傲地和我们说，"光的空间"里可不止这一个小特色，还有着一个展现传统手工艺的文创：柚木仿真红船。他的制作者杨生美先生于 1952 年在上海徐汇出生，是第六批闵行区非物质文化遗产项目代表性传承人。

在这个柚木仿真红船的上面有着对这个船模的介绍：红船船模的灵感来源于党的十九大召开后习近平总书记关于"扬帆起航，红船精神"的讲话，杨先生以 1921 年中共一大嘉兴南湖的红色网船为原型，制作了 1:20 比例的柚木仿真红船，以此表达对党的热爱。

看完介绍，我不禁对杨先生肃然起敬，传承古船微缩复制技艺，是干一行专一行的匠人精神，弘扬红色精神，是对于中国民族精神的传承与热爱。同时，我也对文化空间的内核产生了新的看法，在"光的空间"中放入一个代表中国传统手工艺与红色精神的艺术品，是让行色匆匆的旅客感受中华文化与民族精神沉淀、传承的窗口。

店长说，许多客人为之驻足，还总有客人问有没有小一些的红船模型可以带回家作为旅行纪念。

答谢店长的主动介绍后，我开始在店内闲逛。店内书籍极其丰富，陈列书籍的躺台上分为一个个大专题，展示着经典作品与当下的热销书籍，包含中国现当代文学、经管励志、社科文化、心理疗愈、外国文学、旅游……从游记到企业管理、少儿文学到社会学，覆盖了处于不同年龄段、带着不同旅行目的的旅客的需求。在这个几乎所有空间都被放得满满当当的地方，还有为读者专门留的阅读区。阅读区只是由简单的长条木凳构成，却足以为疲惫的旅客们提供休息、思考的机会。

漫画与中国现当代文学

　　再往前走走，竟从一众书中看到了特别的一本：《静安古刹》。在嘉兴的高速服务区中看到一本与宗教、上海本地相关的书真是一件难得之事，坐在阅读区，随手一翻，便翻到与此行十分相符的一篇文字：《行脚朝山》。书中向我们介绍行脚的原因，是为了"脱情捐累，寻访师友，求法证悟也"，不免让我思考起旅行的缘由与意义。路过这里的旅客或是为了脱离烦扰、寻人生旷野，或是因生计奔波、行四海八方，但他们的眼神都只会流连于旅途终点的美景，却忘记了沿途的精彩与收获。"慢慢走，欣赏啊！"，也许这个文化空间想要表达的无声言语与阿尔卑斯山上的这段标语不谋而合，只要愿意停下来，走进它，便能获得心灵的安宁。

放置在书架上的《静安古刹》

如果你也刚好抬头看，那是一束温柔的光在向你招手

逛完一圈，时间已所剩无几，所幸随行的朋友提醒在从杭州返回上海方向的嘉兴服务区南区里也有一家"光的空间"，便约定在行程结束之后也去那一家逛逛。

光的空间嘉兴服务区南区店发光书架："光"的来源

　　返程途中经过南区时，抬头即见一个灯火通明的铺子，温和的灯光透过玻璃墙流淌进眼底，仿佛是这程旅途中的灵魂引路人，让人不得不感叹，真是名副其实的"光的空间"啊！

　　光的空间嘉兴服务区南区店与光的空间嘉兴服务区北区店给人的感觉有所不同，虽都以原木色的色调为主，但偏长条形的空间构造让她颇有"移一步换一景"的感觉。

　　长排的高柜书架中，有一个新华文创 · 光的空间与上海三联书店合作的展架。定睛一看，展架上是有着启蒙与代表意义的艺术、文学、社科类书籍，也有蕴含着艺术元素的文创。

新华文创·光的空间与上海三联书店合作的展架（部分）

《阅读南京路》《日渐衰老意味着什么》皆由上海三联书店出版

在其中，最吸引我的两本书是《日渐衰老意味着什么》与《阅读南京西路》。《日渐衰老意味着什么》是由一位日本的临床心理学家河合隼雄所写，受荣格心理学的影响，他在书中探讨了衰老——一个人类无法逃避的命题，并建议阅读者们以更好的心态面对衰老并积极地开始人生的每一段历程。《阅读南京路》的作者是上海报业集团上海日报城市和建筑历史专栏作家乔争月。在这本中英双语书中，以上海的繁华街道南京东路为线索，通过讲述南京东路沿线的历史变迁，探索南京路上鲜为人知的故事与源远流长的红色基因，展现了海派文化"海纳百川，兼容并蓄"的特点，为从杭州出发前往上海的中外旅客们提供了了解海派文化与历史的机会。

参观完南区，与光的空间嘉兴服务区店的"邂逅"就此告一段落。光的空间嘉兴服务区店不仅打破了我对于一个高速服务区的刻板印象，更是发挥了较之传统书店而言更多元的文化输出作用：既依托服务区的特殊位置，结合了上海与当地的文化特色，又保留书店为阅读者服务的本真，让旅客在提前感受目的地文化的同时也可以享受旅途本身。

哞栗和鸣米的出现，将实体书店文化、虚拟偶像文化具有创新性地结合在一起，是光的空间嘉兴服务区店中特别的景；古船微缩技艺中的文化自信，是中华民族发展最深厚、最持久的底蕴，红船船模制作者杨先生孜孜不倦、精益求精的匠人精神与他对党、中华传统文化、革命精神的热爱，是光的空间嘉兴服务区店中浓厚的情；《静安古刹》和《日渐衰老意味着什么》中对于旅行与生命全程意义的探讨，是光的空间嘉兴服务区店赋予旅客心灵的一次赠礼；将历史沿革娓娓道来的《阅读南京路》，是对于多元包容的海派文化的传承，也是光的空间嘉兴服务区店中独特的书。

带着这些别样的精神与文化，"光的空间"从上海走出，走进长三角地区，并以此辐射全国，是拓宽文化创新边界，探索文化产业可持续性发展的一次全新尝试。希望在未来，这样结合了文化与休闲，融合多业态，促进深度阅读与思考的创新型多维度文化空间会越来越多。

光的空间（嘉兴服务区杭州方向）
光的空间（嘉兴服务区上海方向）

地址：浙江省嘉兴市秀洲区王店镇建农村浙江高速投资发展有限公司嘉兴服务区北区 N-113、南区 S-115

公司名称：上海新融文化产业服务有限公司

开业时间：2022 年 10 月 1 日、2023 年 6 月 1 日

店铺面积：128 平方米、180 平方米

员工人数：3 人、3 人

营业时间：8:30—20:30

联系方式：13764923933

上海三联书店聚星粮驿 1953 店：
粮仓里的精神堡垒

◆ 文 / 蔡叶鸣　图 / 上海三联书店聚星粮驿 1953 店

聚星粮驿 1953 园区入园即见书店标志性建筑

被誉为"淮军故里、人文荟萃"的安徽省合肥市肥西县铭传乡，是台湾首任巡抚刘铭传的故乡。这里岗峦起伏，草木茂盛，是江淮大地上一片充满生机的地方。从合肥市区出发，仅需一个小时车程，便来到铭传乡聚星社区。这里有一座粮仓里的精神堡垒，那就是上海三联书店合肥首店——聚星粮驿 1953 店。

聚星粮驿 1953 是集民宿、知识传播、休闲、度假为一体的乡村文旅综合体，项目原址是始建于 1953 年的铭传乡聚星

上海三联书店聚星粮驿 1953 店外立面

书店南门

老粮仓。上海三联书店正是在此自然肌理上改造而来，书店依托对原有谷堆粮仓建筑造型的整理重构、形状提取，形成多维空间改建而来。

当你踏进书店的大门时，会立刻被它的氛围所吸引。书店的外观设计复古而别致，从外立面看上去就像是一座富有年代感的文化艺术殿堂。进入书店后，被宽敞明亮的空间和整洁有序的书架所震撼。映入眼帘的是精巧的设计，挑高的超大空间，书架错落有致，光影斑驳，仿佛置身于知识的海洋之中。

书店建筑面积 730.25 平方米，展陈销售书目品类涉及人文社会科学著译、经济、历史、哲学等各类读物。如《苏轼十讲》，串联苏轼的生命历程，并将苏轼置于历史与文化的洪流中，上下观照，在作品与文献中捭阖出入，并作精妙讲解，一部披沙拣金的"苏轼新传"粲然可见；《谷物的故事》读解大国文明的生存密码，探索谷物背后的农业发展与社会变迁；《新定位时代》集中呈现了作者 20 年来对战略定位理论的前瞻思考和实践经验，并融入哲学思辨与美学思考，是对定位知识体系的丰富和发展。这些优质的书，在上海三联书店聚星粮驿 1953 店都能够寻觅到它们的踪迹。

在书店的中央，设置了一个天窗，置入时间容器，重组立面，引入光源，感受四季光景，这里成为知识分享、思想沙龙的聚集地。如果感觉累了，书店的水吧还准备了精美的咖啡与下午茶，让读者阅读的过程更有格调。

书店内设有一间被誉为"留给当代艺术家的房间"，在这个房间可以将整个园区的湖光山色尽收眼底。环形的书架设计，

图书展示销售区域

独特穹顶造型的阅读区，在移步换景间沉浸于书海，曲径通幽的环形楼梯，错落有致的建筑美学，呈现一种公共的知识精神。

为了提升书店的文化品位，书店设置了专门区域进行农产品和文创产品的展示与售卖，打造知农爱农、强农兴农的文化新地标。

三联书店栉风沐雨九十余载，被广大读者赞誉为"中国知识分子的精神家园"，而聚星粮驿正是"肥西书院"旧址所在地。肥西书院是由台湾首任巡抚、淮军名将刘铭传亲自倡导，于清同治年间（1871年）建立。为了提高声望，扩大影响，请的是当朝重臣左宗棠题书的"肥西书院"牌匾，请同乡名臣李鸿章题书的"聚星堂"匾额。肥西书院于1927年改为私立聚星小学。

图书特写

精致下午茶

1939年又改为肥西中学（私立），是肥西县最早的中学。肥西中学于1952年迁入张老圩，该校址又恢复为聚星小学至今。

如今，上海三联书店来到安徽肥西，海派文化与江淮文化交融交织，充分利用原有废旧老粮仓解密肥西1953、追溯百

书店举办的沙龙活动

环形书架步道

文创与农产品展示售卖区

阅读空间

年肥西文化所在，以极简设计美学呈现厚重文化，呈现一处感受情怀、追溯记忆和寻找内心宁静的自留地。随着上海三联书店走进聚星粮驿1953，它所带来的不仅是一座精神堡垒，亦是精神领地、精神食粮。未来，这里将成为从出版到实体书店再到公共文化空间运营的乡村新标杆。

江淮文化与海派文化融合

上海三联书店聚星粮驿 1953 店

地址：安徽省合肥市肥西县铭传乡聚星街道官山路 100 号

公司名称：合肥源境商业管理有限公司

开业时间：2023 年 5 月 1 日

店铺面积：730.25 平方米

员工人数：5 人

营业时间：周一至周日 8:00—22:00

联系方式：李海 18134520466

朵云书院相城店：
上海朵云"飘"到苏州酒店，
打造文旅新场景

◆ 文 / 许旸　图 / 朵云书院

缂丝的隔断与榫卯结构书架墙构成的空间，宛如当代江南宅院；传统大漆金砖地面，搭配宣纸墙面，人文气质呼之欲出……朵云书院相城店揭开面纱，这也是第三家走出上海的朵云书院。

和朵云书院其他门店相比，这家书店予人一种极大的放松感——置身苏州悦季元来酒店内，朵云书院品牌首次与酒店业态合作，文学气息浓郁的书香环境令人耳目一新；而酒店独有的休闲、愉悦感，也让阅读变得更加有滋有味、张弛有度。

游园式漫步，在特色书架"凝望姑苏"

在书店里寻江南，是什么奇妙的体验？

这家书店面积超 1000 平方米，整体设计充满江南文化和

书店所在的苏州悦季元来酒店　　　红色的枫树衬托着书架

苏州园林元素，"游园"式动线设计，让读者在书店中也能一步一景，随方制象，自然形成透景、框景的流动空间，红色的枫树尤其吸睛。

店内凸显"新·游园惊梦"主题，大量使用榫卯结构书架墙、宣纸墙面等非遗元素，如果你是这方面的文化爱好者，能细细逛上一整天。

9大类4500多种1.6万册图书，涵盖文学、艺术、经管、人文社科、童书等，还增加了符合酒店休闲人群的生活类别，如咖啡、红酒、美食等题材图书。四个特色主题书架相当醒目，

酒店外的书院标识

榫卯结构的书架墙

聚焦云上书榜、国潮听韵、凝望姑苏、女性视角。

其中，"凝望姑苏"是朵云书院为相城店特别设计的本土书架板块。苏州古称姑苏，人文荟萃、历史悠长，园林雅致冠绝天下，丹青圣手层出不穷，手工艺品更是通过海上丝绸之路行销全球。此间诞生的才子佳人、名作名篇数不胜数。

该书架汇聚古今苏州文学、绘画、美学等领域诸多名人著作——从韦应物、白居易、刘禹锡，到唐寅、祝允明、董其昌，再到剖析苏州园林建筑艺术的美学读物，反映了姑苏昨日的林泉高致；而新时代文艺界，相城店也选择了王尧、荆歌、范小青等既具全国影响力、也能代表苏州本地现当代文学印记的作家作品。

"国潮听韵"特色书架将中国传统文化与当代生活方式美学相结合，重点陈列生活、艺术、设计类书籍，在一针一线、

书店内的阶梯

一箪一瓢、一石一玉、一纸一笺、一山一水间，感受中国文化中师法自然、气韵清雅、繁简得宜的审美追求。其中不仅有关于绣饰、设色的以及《山海经（百绘卷）》等图册，也有关于豆腐、茶饮、穿衣镜等富于烟火气的生活方式图书。

"云上书榜"是世纪朵云推出的新书榜单，从"值得买的畅销书""能收藏的经典书""有意思的专业书""有故事的宝藏书"四个类别，为读者提供阅读参考。该书架随书榜的评选节奏每月更新。"女性视角"特色书架，旨在传递以女性叙事为核心的独特复杂的生命体验。

点亮江南文化，品质沙龙助力阅读推广

作为苏州相城对接上海的文化窗口，如何为苏沪文化沟通交融提供桥梁？朵云书院相城店不定期举办与文学、旅游、传统文化相关的主题活动、文学论坛等，提供多元化文化创意活动。

此前，"朵云·姑苏文萃读书会"系列第一期活动，主题为"认识世界的方式：出发或阅读"的分享会上，作家王尧、荆歌，评论家李伟长畅聊如何通过阅读，打开更广阔的世界，开启一段奇妙之旅。

不少活动以江南文化为主轴，体现了长三角一体化高质量发展的书香缩影。其中，《苏州全书》编委办联合主办的"流水清音"琴画书会，在泠泠琴音和书、画的簇拥下，共赴古琴之约。雅集以《大还阁琴谱》发布为契机，在相城区完成了一

次对故人旧事的回望、对先贤的追忆以及对未来的期许。《苏州全书》的编撰是希望通过几十年的努力将苏州历来先贤留下的文献做一个梳理，涵盖经史子集，参考不同版本，让更多人更好地了解苏州。

古琴不仅仅是乐器，更是文人的一种追求和向往，作为"新吴门画派"的代表苏州国画院院长孙宽创作了一系列"琴画"作品，"苏州文化是多方面的组合"，他将苏州园林融入到不同形制的古琴中，浑然一体，相辅相成。

作为一种文化意象，江南自古便频频出现在各种体裁的文学作品中，江南象征着富庶繁华，象征着钟灵毓秀，也象征着歌舞升平。那么，苏州人王啸峰笔下的江南又与江南文化之间存在着怎样的继承或突破关系？《虎嗅》分享会上，嘉宾谈到，新书以江南城市为出发点，聚焦日常中十分重要却极易被忽视的事件，用温暖笔触拥抱喧嚣城市中的孤独人，这也是江南人温润性格的文学表达。在作家房伟看来，江南文化具有很强的丰富性和包容性，而《虎嗅》使我们对江南文化有了新的理解。

因地制宜，持续输出上海文创品牌"软实力"

除了丰富的图书品类，店内依托朵云书院近年来的销售爆款和畅销品，选取了约 1000 款文创好物，共计约上百个品牌。"上海主题"系列、"朵云书院"系列等齐亮相，刷出了上海文化品牌的辨识度与软实力。

看到这些美物，很难不让人心生欢喜。书店不正是激活人们对美好生活向往的绝佳之处吗！

印象尤其深的是，秀丽典雅的团扇以木为柄，选取经典的圆月扇形，裁剪纤薄细致的绢纱制成扇面，面上横斜一朵印染的白玉兰，线条灵动，花开正盛；传统文化与新中式文化结合的节气丝巾，配以清爽又大气的中国风图案，透出江南韵味。

江南味道和海派风情，萦绕在这家书店。比如，灵感源自老上海风情的怀旧系搪瓷杯，"嘣嚓嚓"搪瓷杯汇聚了上海童年记忆，小青蛙玩具、"光明"奶盒、上海标志性建筑等设计元素，印制于杯身；"嗲杯"则将老克勒（clerk）、差头（charter）等"洋泾浜英语"组成"嗲"字造型，颇具上海味道。

据了解，未来，世纪朵云也会大力开发苏州朵云文创好物，同时积极拓展独家进口产品，打造属于"朵云选品"的调性和产品差异性。

这样的定位对于相城店来说，也是合适的。毕竟，很多人住进酒店，买到心仪的文创，也是对自己旅途记忆的一个见证和纪念。

朵云书院相城店

地址：苏州市相城区金砖路 666 号悦季元来酒店一楼

开业时间：2023 年 5 月 20 日

店铺面积：1500 平方米

员工人数：8 人

营业时间：9:00—21:00

联系方式：店长花倩 15162442709

上海三联书店 READWAY（银川店）：都市潮流文化策源地

◆ 文 / 马凯　图 / 上海三联书店 READWAY（银川店）

德丰大厦位于银川市的核心区域，集中了银川的高端办公楼宇和商业，上海三联书店 READWAY（银川店）就坐落在这栋大厦商业部分的三楼，占据了半层的空间，开敞而有格调，是银川市最具气质的文化地标之一。

中国的文化产业在经过了文化引入、文化普及、知识付费

上海三联书店占据了半层楼面

的三个浪潮后，现当下，文化产业链条完整有闭环，各行业务流程具体可执行，且商业化较为优秀的文化品牌不断涌现，但随着人均收入的增加、社会产业结构的变化，各个个体、企业单位、组织对文化的需求不再单一，多元、复合、有深度、有专业度、有品位、有趣味性、有启发性、有现实意义、对 C 端要弱化商业目的、定制文化服务等等需求随之而来。所以近几年间各地不断出现大型复合文化空间，它们普遍面积超过1000 平方米，拥有多种成熟业态，以连接当地文化为嵌入手段，在各细分行业搜寻文化商业结合的可能，想尽办法引入各方力量（政府、资本、产业链条、新媒体），力图成为当地独一无二的城市文化标签。上海三联书店 READWAY（银川店）正是基于这样的背景思考而开设的一家复合型文化空间。

定位为银川当地"青年发声的渠道，品质社交的平台"，上海三联书店 READWAY（银川店）的底层运营逻辑是基于这样一个认知——在个体文化盛行和信息爆炸的今日，整个市场趋向于细分领域，各行必须找准自己的服务目标，他们不再以年龄、性别、消费基础为划分，应当以三观、兴趣点、工作生活属性为划分。复合文化空间的经营理念与逻辑，是将产业资源整合至一处，扩充多业态、多业务线，充分利用图书自有的文化属性、类型的多样性、内容非唯一性、获客成本低等特点，以"书店"的市场姿态，融合其他行业业态，甚至以其他业态为主营来开展文化空间的经营。

上海三联书店 READWAY（银川店）在空间布局上充满了巧思，选取"玖间"的概念，在 1500 平方米的空间里排布了花、味、

书店与其他业态整合成复合空间　　　　　　　　　　　书店内景

艺、礼、酒、言、思、创、享九个主题空间。选取具有代表性的生活艺术，与书海文径相结合，旨在融汇为一个多功能多角度的复合阅读空间。不将视界局限于常规书店，这里将是生活方式体验的中心，是思维创想的园地，更是心灵畅游的乐土。

花、艺、礼之间，是文化 IP 的聚集地：活字印刷术的满壁墨香、精致的礼品、最新的最热的流行 IP、历久弥新的传统工艺，是生活群像的万花筒，更是历史沉淀的博物馆。味与酒之间，人间烟火气，抚凡人心，当囫囵吞下精神的食粮，同时也可满足口腹之欲带来欢欣与喜悦，感知与心灵的双重满足是我们的追求。言、思、创、享之间，既有可供高谈阔论的独立空间，也有深度沉思的僻静一隅，思维在这里碰撞出火花，灵感在沉思中悄然绽放。就这样，顾及生活的方方面面，从内到外，便是玖间。

以文化推动城市发展，上海三联书店 READWAY（银川店）以书籍和文化 IP 为载体，用市场需求为阅读空间定位，除图书、文创、艺术体验、餐饮休闲、家居生活等多元业态外，还有各种社群活动为这个品质社交平台赋予更多可能。

　　书店基于不同的社交群体，打造独一无二的品质社交活动，成为银川青年人在家与写字楼之间的第三种选择，是都市文化的会客厅。在这里可以有专为文学交流的座谈，可以有面向粉丝群体的作家签售，可以有新时代新要求下红色经典的传承与交流，同样可以有家庭亲子的点滴分享、社会公益的宣传。每一场活动，都是接入城市文化发展的助推器。

　　书店致力于打造脱离传统书店的书籍推荐模式——"挖掘

思空间

宝藏，成为'懂你'好书店"。不以畅销度和流行度为书籍唯二的推荐基准，通过在浩瀚书海挖掘宝藏书籍这样的形式，引起读者的共鸣，找寻读者真正的阅读需求，启迪读者的读书热情。通过上海三联书店这一平台，为银川的读者们推荐"懂你"的专属图书。

　　除了图书之外，上海三联书店 READWAY（银川店）也成

读书活动组织

为了银川新生活态度和方式的倡导者。银川店提出了自己的价值坚守，追求为都市生活带来新的体验，不做常规意义的书店，寻求精神的生息，倡导新的生活方式，轻松、简单、一气呵成，让复杂的生活变得简单，让简单的生活多姿多彩。顾客来到店里，不仅能够畅游在书的海洋里，更能体会到韬奋先生"竭诚为读者服务"店训，面对顾客做到"不打扰、不忽视"：原则上不打扰读者的精神之旅，但是只要在门店内有需要，每一位顾客的需求都会得到重视，一支"条理化、专业化"的服务团队可以提供无微不至的服务与帮助。

　　上海三联书店 READWAY（银川店）在运营中不断地汲取客户体验，通过不断的迭代，逐步完善空间氛围以及主题文化打造；作为"都市文化策源地"，以青年文化社交为引领，倡导"大国青年"新的生活方式和发声渠道，力求打造成为宁夏大地上"有思想，有温度的精神家园"。

上海三联书店 READWAY（银川店）
上海三联书店 READWAY（银川德丰 D-Site 店）

地址：宁夏银川市金凤区宁安大街 64 号德丰大厦西侧裙

楼 3F-01

公司：上海三联书店有限公司

开业时间：2023 年 6 月 18 日

店铺面积：1537 平方米

员工人数：13 人

营业时间：10:00—21:30

联系方式：0951-5673555　马凯 18195140698

钟书阁银川悠阅城店：
书香曼舞，墨色翩跹

◆ 文／陆戴夫　图／钟书阁

玻璃幕墙门头照

"……与呦呦雀巢遥遥相望的，是继中国最美书店建发现代城钟书阁之后的银川第二个钟书阁，它的整个建筑采用了现代化的简约风格，外墙以玻璃幕墙为主……"

伴随着广播里温柔亲和的介绍声，我们在悠阅城里一路向东，终于看见了三楼角落里的钟书阁银川悠阅城店（下简称钟书阁悠阅城店），和一路走来看到的其他店铺不同，迎接我们的是一整面透亮的玻璃墙壁，蜿蜒的墙体凸显出它独特的个性，隔着透明幕墙与我们相对而立的一列列书架，仿佛在向我们伸出热情的双手，召唤着我们走近，去感受，去体悟，去沉思，去释放。

巨大的压力与焦虑感一直是当代青年们压抑着的共同情绪，在银川这座城市也不例外。比起物质与现实，大家越来越倾向于寻找都市繁华下的陪伴与治愈。而钟书阁悠阅城店与吉利猫（Jellycat）的联合，正是让大家在淡淡书香中寻求到了书本外的一份温暖与慰藉。Jellycat 被誉为世界上最柔软的安抚玩具，一走进钟书阁悠阅城店，视线立刻就会被这片柔软所吸引，每个玩偶都是独立的生命体，它们有着或可爱或古怪的表情，在造型上也不受传统的约束，可爱之外还存在各种让人发笑的无厘头设计，充分演绎着当下年轻人的精神状态。书本＋玩偶的组合让钟书阁悠阅城店变成了充满治愈力量的宝库，"没有人是一座孤岛，在大海里独踞"——如果此时此刻的你不知道哪里能够停靠，不如走进钟书阁悠阅城店，在这里享受一份温暖的陪伴。

漫步向前，迎面是错落有致的异形书架蜿蜒迂回，如同步

吉利猫品牌展陈

映像玻璃天花板

入奇幻的雅丹。抬头望，巨大的镜面穹顶，将人吸入倒置悬挂的空间。在这无垠的空间里跳动着浓墨重彩，孕育着古老的传说。凤凰飞过丹霞，栖落在久远的黄沙古渡，苍凉静穆。长河落日伴着胡歌羌笛，沉寂在历史的苍穹之下。悠悠贺兰山，巍峨伫立于天地之间。

这样的书店设计结合了宁夏银川特有的豪放、雄浑的地理风貌，徜徉其中，如同将自己交付于空阔寂寥的沙丘。光影交错之间，创造出超越时空的魔幻阅读空间。

独特 C 形书架座位

心中有丘壑，眉目存山河。独特的阅读区，让人文与自然和谐共长。告别浮躁的现代社会，静坐一片净土，让书页徐徐在指尖翻动，疲惫干涸的心灵环抱着破晓的朝阳，纵情在文字的大漠里寻觅浸润灵魂的绿洲。

在回首间，又看到了我喜欢的小王子系列，在一个精致的圆形展台上，除了《小王子》的书籍，还陈列着各种与之相关的文创产品，每一件都是对《小王子》的独特致敬。这些文创产品不仅增添了展台的多样性，也为爱好者们提供了更丰富的选择。有精美的笔记本，封面上印着小王子的经典形象，似乎在邀请人们记录下自己的想法和梦想。还有小王子的立体书签，精致可爱，仿佛在书页之间跳跃，引领读者进入奇幻的旅程。此外，还有小王子主题的环保手提袋，既实用又环保，每一次使用都像是对小王子世界的一次小小探险。这些文创产品不仅是对《小王子》的精神的传达，也是对阅读体验的一种延伸。

小王子专题陈列展台

它们让人们在阅读的同时，能够更深地感受到小王子世界的魔力和美好。每一件产品都有其独特的故事，就像《小王子》中的每一个星球，都有其独特的色彩和意义。这个小展台，不仅是一个书籍的展示空间，更是一个故事和梦想的集合地，吸引着每一位走过的人，邀请他们停下脚步，与《小王子》一同踏上一段心灵的旅程。

穿梭过一列列整齐的书架，步入书店的最深处，眼前的色彩开始变得生动起来，充满童趣的绘本墙让人眼前一亮，由简约线条勾勒出各种各样的形状，"星星""云朵"上载满了儿童绘本，为小朋友们带来了人生的初启蒙。

时光童书馆绘本墙

绘本不同于普通书籍，它们往往由多彩的图画和简单的故事构成，里面穿插着无尽的想象力，穿插着生活中的爱与美好，成为小朋友们的心灵指引。在绘本墙下，常常能看到席地而坐的父母，环抱着可爱的宝贝们，在这个安静的角落里为他们讲述一个个美好的故事。绘本为小朋友们开启了认识世界的大门，为他们的童年增添了许多色彩，也为书店的阵阵书香增添了美好与爱。

钟书阁以最美书店为理

念，不仅是形式上的美，更有无数藏在细枝末节中的美好等待大家来发掘。而钟书阁悠阅城店不仅是一个藏书丰富的图书馆，更是一个传播知识、传承文化、促进交流的精神家园。它让人们在浮躁的社会中重新找到内心深处那份宁静与安宁。愿钟书阁继续散发着浓浓的文化气息，成为城市中不可或缺的精神家园。

钟书阁银川悠阅城店

地址：宁夏回族自治区银川市金凤区正源南街与凤仪路交会处悠阅城 1 号楼 3 层 320 号商铺

公司名称：钟书（银川）文化传播有限公司悠阅城分公司

开业时间：2023 年 7 月 8 日

店铺面积：762 平方米

员工人数：10 人

营业时间：10:00—22:00

联系方式：15809580025

钟书阁淮安店：
将"南派"风格印在粗犷的江北

◆ 文／金昊　图／钟书阁

作为一家海派书店，钟书阁发祥松江、扎根上海、辐射全国。

钟书阁，一城开一店，钟书阁淮安店就延续了以上海为代表的"南派"风格，将江南水乡的风格印在了"粗犷"的江北城市里。

淮安虽地处苏北，但是京杭大运河、里运河、古黄河、盐河四河通贯全城，在明清时期，这里亦曾是漕运总督府和河道总督府驻节地，《西游记》《老残游记》等书作者在此完成了恢宏巨作，完全可以说是一座"漂浮在水面上"的极具文化底蕴的城市，为打造新的淮安城市地标，钟书阁造出了梦幻般的"银河"书店。

钟书阁创始人说过：一个城市如果缺了书店就会感觉少了些什么，最美的书店可以吸引读者去书店里边。现在的书店不仅仅是卖书的地方，我说书店是读者和书本的一种偶遇。

钟书阁淮安店四楼入口处

钟书阁淮安店三楼入口处（远景）

钟书阁淮安店三楼入口处（近景）

钟书阁淮安店俯瞰图

在钟书阁淮安店外的商圈外部的街道上，几乎一眼就可以看到书店巨大的两层建筑构造，这就是吸引着外面的市民必须进来探索打卡的书店"黑洞"。

从商场内部看，这家书店被放置在熙熙攘攘的商圈3—4层，在商场购物的市民很难不被这个"超时空"的建筑物所吸引，人们纷纷好奇这到底开的是什么铺子，而门口一块自带海派书香精神的"钟书阁"牌匾，似乎提醒来这里打卡的淮安市民，这是一家充满着"未来气息"的书店。

为什么有这样的观感呢？因为钟书阁淮安店的装修风格采用科技感十足的黑白调和木质感十足的黄色暖调，再加上全店球形结构的构造，以及夸张的弯曲造型，给人一种身临宇宙、漫步银

钟书阁淮安店3—4楼图书展示墙（3楼视角）

钟书阁淮安店 3—4 楼图书展示墙（4 楼视角）

钟书阁淮安店"天梯"

河的奥妙之感，不由得让人产生了这究竟是现实的书店还是由梦幻营造出来的场景的疑惑。

进入书店后，台面、楼梯均为木质的暖黄调和质感，而整体又为偏黑色调的沉稳，包括摆满各色书籍的背景墙，让我一时间把它想成了中国古代某个时期的书店，这些仿佛都在提醒着我，这里就是"南船北马、舍舟登陆"的自古繁华之地，而我此刻正虔诚地抓住与那个时期的连接。

传统木质呈现的结构纹理，与现代宽敞的落地窗所呈现出的巨大天空，当人们由商场进入到书店以后，构成鲜明的对比，给人以无限遐想。在由此形成充足的外部采光下，通往楼上区域的楼梯，仿佛是围绕着"球形"天体的天梯。走在上面，不

钟书阁淮安店"翱游"

正好印证了"书是人类进步的阶梯"吗？还有楼梯旁边这种夸张的弯曲设计，不也是告诉人们，当你走在上面，就是"遨游"在星河璀璨的书籍宇宙中了吗？

钟书阁淮安店现有图书近 3 万册，分设人文与社会、文学的盛宴、生活的艺术、工作与成长及少儿与教育 6 大类图书，文创品牌达 30 多家。

三楼设有图书区、文创及咖吧区域，主要是文学的盛宴和生活的艺术类图书，里面包含中国文学、外国文学、中外诗歌、文学综合、与艺术相伴、亲爱的生活。

四楼主要有时光绘本馆及人文与社会类图书，里面包含人文与社会、工作与成长及少儿与教育。

可以说钟书阁淮安店里面分类非常详细，既包括畅销书籍的专区，又包括新书专区；有科技小说的专场分类，还有充满哲学色彩的书籍典藏；有平衡工作与生活的书籍专架，也有让人打开推理之门并享受侦探推理的书籍专架；也有如莫言、余华、马伯庸等大家的中国文学专架，也有如东野圭吾、被莫言称其"影响了中国一代作家"的卡尔维诺这样的外国大家书籍专架，当然还有适合家中小孩阅读的少儿书籍专架。

可以说在钟书阁淮安店里，自己喜欢的、对应各个年龄段的，传统的、新式的，玄幻的、科技的，推理的、感人的，知识类的、愉悦身心类的，等等，都可以找到相对应的书籍，让人能沉浸式遨游在书籍的海洋中。

在书店里有可以让读者放下疲惫的身心，方便读者安静读书的木质桌台，读者可以在书店里尽情享受这难得的惬意时光。

钟书阁淮安店经典畅销书籍展示

钟书阁淮安店推理书籍展示

钟书阁淮安店"新鲜"书籍展示

钟书阁淮安店名家作品专区

钟书阁淮安店未来科技作品专区

钟书阁淮安店咖啡厅

尤其是当温暖的阳光透过玻璃窗洒进来的时候，读者可享受着舒适、悠闲的读书时光，喝上一杯店员精心烘制的咖啡，这个滋味别提有多美妙了。

除书店本身的气质吸引众多淮安市民打卡之外，钟书阁淮安店还有许许多多的阅读活动，比如读书会、讲座和大作家的签售等。书店还会主动邀约喜爱读书的淮安市民参与其中，以增进读者与书店、作者和其他读者的连接。淮安的读书爱好者们更可以借此，亲身地体验到读书交流的乐趣。就像著名作家龙应台说过的，"一个城市是需要有公共客厅来作为一个荒凉大城市里的温暖小据点的，书店是最重要的公共客厅"。而人

钟书阁淮安店儿童家长参与活动

们与书籍，以钟书阁淮安店为载体，相互映照，共同构成一个个文化圈子，滋养着书香文化。

总之，钟书阁淮安店的视觉呈现以及其给读者带来的精彩感官体验，可以说是复古与未来的冲撞，也是跨时空桥梁之间的对话。更是"海纳百川、追求卓越、开明睿智、大气谦和"

的上海城市精神与"中西融汇、多元并存、兼收并蓄、引领风尚"的海派文化的交相呼应。

　　作为淮安文旅人，也希望成为淮安新地标的苏北首家钟书阁店，能够吸引更多淮安或者周边的读书爱好者们打卡、拍照留念，去触发更多读书爱好者们的相互连接，让这个古老的苏北小城在海派书店的影响下继续散发书香魅力，继续保持"厚重、清新、热情、包容、开放、向上"的独特气质。

钟书阁淮安店

地址：淮安市清江浦区融创 ins park 3—4 楼

公司名称：淮安钟书阁文化传播有限公司

开业时间：2023 年 8 月 18 日

店铺面积：1100 平方米

员工人数：11 人

营业时间：周日至周四 10:00—21:30，周五至周六 10:00—22:00

联系方式：0517-89895990

大隐书局无锡店：
惠山古镇访书记

◆ 文 / 芊林　图 / 大隐书局

C.S. 路易斯曾说过："阅读伟大的文学作品，使我成为千百个人，而仍旧保持自己。"阅读能将人提向天空，看到更广阔的视野，帮助人扎根大地，用谦逊的态度勤勉耕读，更能让人照见自己的灵魂，观望自己的本心。

——引言

以前来过很多次无锡，但是从未来过惠山古镇。听说大隐书局无锡店花落古镇历史文化街区绣嶂街，便计划来看看，这次因为工作原因，得以成行，算是满足了一个心愿。

来的当天是周一，还下着淅淅沥沥的小雨，但是古镇游客人流如织，相当有人气。想必周末的时候一定更是热闹。

从惠山古镇入口步行十来分钟，就能到大隐书局无锡店，从外面看是一座古香古色的建筑，里面的装饰却让人感受青春

大隐书局无锡店外观古香古色

众多的传统文化读物是书店特色之一

书香口袋丛书小巧精美，很受欢迎

书店二楼图书区一角

和古意恰到好处的融合。

书店很宽敞，有一千平方米左右，楼上也有阅读区，书店里的书可谓是琳琅满目，荟萃了历史、人文、经济、心理、商业等领域的精华，还有各种小巧的口袋书。

而且因为无锡有地方传统戏剧锡剧，书店还展陈与此相关的书和文创，丰富且有特色。

很多书都有试读本，读者若感兴趣可以请店员拆开，这点非常友好。使我非常惊讶的是书店显眼处摆着陀思妥耶夫斯基的《白痴》，很少有书店会把陀老的书放于推荐书的位置，这

精致可爱的小狮子能将情绪拉至满分

体现了大隐书局的选书品位。

除了好书，还有各种各样的好物多彩多姿，很有吸引力。让我很心动的是一群可爱的小狮子。

这家书店还有创意餐饮，将美食与江南文化充分融合，并把非遗文化的特色文创元素融入其中，还联合巧克力工坊首发"十八度雨林"本土甜品品牌，巧克力的外形和颜色都非常好看，口味很多，让人眼花缭乱。

店员笑盈盈地对我说可以试吃。我选了一块含坚果的巧克力尝了尝，不甜腻，很好吃。

好书、文创、创意餐饮和画作……将大隐书局这方天地打造成为一个充实而精致的世界。

高颜值、超好吃的"十八度雨林"糖果

　　书店区外还有"笑乐汇"剧场，据说这是大隐书局无锡店第一次把曲艺剧场和书店融合，将同样来自上海的"笑乐汇"品牌带到无锡，在传统相声的基础上不断尝试融入戏曲、话剧、小品等艺术表现形式，并融合了新潮"海派"文化的桥段，包袱密集。

　　从2003年国庆开始，该剧场正式对外开放了。曲话江南，文心艺韵，让这座书店更添文艺气息。在书店旁边的惠山古镇档案中心不日也将服务公众，这样大隐书局无锡店未来会呈现"一店一馆一剧场"的格局。真期待下次来的时候，能看书、赏味喜剧、参观档案馆，完成多重体验。

　　虽然天气还有些阴冷，但我在书店却感受到了文化包裹下的宁静和温暖。富有意境的摆设和柔和的灯光散发着如家般的暖意，非常妥帖。在这家书店走走停停，选到合适的书就可以坐下来看看，是难得的惬意和自由。

这次我还意外和一只小猫邂逅，上午刚去书店的时候，在二楼就见到它蜷在椅子上小憩，我触摸到它薄薄的毛皮和硬硬的骨头。店里的小伙伴说这只小猫之前是流浪猫，现在算是长居于此。它那么瘦小，却没有一个安定的家，但是当书店开起来，

在二楼小憩的猫咪

小猫便有了自己的家，有人喂它，也被允许在任何角落睡觉。

后来我选了《余华散文》，选了窗边的位置读了起来。没一会儿，小猫不请自来地跑到我身边的椅子上睡觉，小猫均匀的呼吸也让阅读多了些许温馨和情趣。

余华老师的这本书很好看，我之前阅读的是他的小说，但

是在阅读《活着》和《在细雨中呼喊》时看到序言也很被惊艳。这本书都将这些收录其中，还有余华老师对往事的追忆、日常生活中的所见所闻所感，以及对历史、国事的思考。他讲述的是自己的故事，但是却能让人感受到共鸣和安慰。作者真实的心灵世界、广阔博大的思想、智慧和情感在文字中缓缓呈现。

我在阅读的过程中，感觉自己的心绪渐渐厘清，愈发平静。想到那句老生常谈的话"一千个人眼中有一千个哈姆雷特"。也许在当下，从别人的生命故事里看到的一个人生命的韧性对我来说是最最需要的，而我恰好在这本书里看到这些，这无疑给了我勇气。

我再次惊叹书店的奇妙，在你悲伤时，它给予你阅读的乐趣，当你苦恼时，它给人内心安宁的抚慰，孤独、无趣和狭窄一如云烟，消散而去。"如果你怀疑、沮丧、无助，只需要打开一本书。"

书无论在什么时候都能给我们支持，就像米沃什的诗句"但是书籍将会站在书架上，此乃真正的存在。书籍一下子出现，崭新，还有些湿润，像秋天栗子树下闪闪发亮的落果，受到触摸、爱抚，开始长时生存。"我们总能在生命的无数时刻，说声"真好，我们还有书籍"。

夜幕沉沉降临的时候，我选了《白痴》和《余华散文》带回上海，思想上的收获远超身体上的重量。虽步履匆匆，但在书店安顿下来读书的须臾算得上一日的好风景。读书这件事情，就好像身上的一部分，忙碌的时候会放下，但稍有机会就会把它想起，它将我们生活的世界和更广阔的精神世界连接，让漂泊的灵魂得以安顿，并完成了内心和外在的互为观照，在书籍的馥韵浸染中，相信灵魂亦能生出香气。

此次无锡之行，因在大隐书局的体验而多了缱绻回忆。我也得以真切感受到为何无锡惠山古镇得以成为古代文人逸士的渊薮之地。大隐书局为这里带来清新之风，更添水乡魅力，它于往返其中的读者，像一片短暂但坚实的大陆，慰藉了行旅时光，让人得以在诗情画意中品尝文艺甘甜，期待未来早日再重逢。

大隐书局无锡店

地址：江苏省无锡市梁溪区宝善街 18 号的惠山古镇景区绣嶂街 38、40 号

公司名称：无锡大隐书局商业管理有限公司

开业时间：2023 年 10 月 1 日

店铺面积：1000 平方米

员工人数：15 人

营业时间：9:00—21:00

联系方式：0510-88529518

钟书阁徐州店：
于彭城七里文脉之首，
掀起 5000 年徐州书香文化

◆ 文 / 徐厚正　图 / 徐厚正 钟书阁

徐州文脉示意图

在徐州老城区，有一条贯穿市中心南北的轴线，从黄楼起向南经黉（洪）学巷到彭城路，再到云东一道街、泰山路，纵贯城区核心地带，绵延3.5公里，紧邻轴线两侧的人文景观众多，彭祖文化、两汉文化、运河文化、红色文化、宗教文化、东坡文化等构成了徐州千年文脉的基底。

这是徐州的历史文脉，在老徐州人眼中叫作"彭城七里"，新盛云东文化街区，位于历史文脉的最南端，而钟书阁徐州店，恰恰处在商业板块云东印巷的最南端。

沿袭历史文脉，丰满彭城七里

习近平总书记指出，要把老城区改造提升同保护历史遗迹、保存历史文脉统一起来，既要改善人居环境，又要保护历史文化底蕴，让历史文化和现代生活融为一体。徐州"十四五"规

徐州文脉示意图
图源《徐州之中》

新盛云东文化街区 开街现场

划同样提出，大力推进以汉文化为核心的优秀传统文化，构建"一轴两核多点"的汉文化中心城区空间格局。这里的"一轴"即是将南北历史文化轴打造成徐州汉文化传承的创新轴。

云东迤逦，文脉七里。2月6日，由徐州新盛集团投资建设并运营的云东文化街区如期开街迎客，它是徐州整条历史文脉的最南端，串起2024年徐州市城建重点工程历史文脉篇的建设，如城隍庙复建、户南巷保护、云龙区和鼓楼区历史文脉一期、土城古韵片区、黄楼文庙片区等历史文脉传承项目，均在2024年进行新建或续建。云东印巷作为云东文化街区的商业部分，它的开街使得整条历史文脉上的商业发展，变得更丰润、多彩；可以从严格的意义上讲，钟书阁徐州店落户历史文脉最南端，沿袭和焕新了历史文脉，丰满了彭城七里。

空降多位大咖，读者粉丝大快朵颐

"徐州终于有一座上海书店吸引文艺青年大咖的书店了。"春节前，我看到淮海经济区首家钟书阁落户新盛云东文化街区的新闻，遂想起在南京读书时，经常和同窗坐地铁去先锋书店，通过微信公众号关注哪位作家要来做分享会。钟书阁徐州店未开业前，我便带领徐州报业传媒集团的18名青年记者，进行了"最爱云东行不足"采风活动，提前游览了钟书阁。

投资建设并运营的新盛集团邀请了六小龄童、郭妮、简平和馒头大师张玮做客钟书阁徐州店，开街当日更是邀请金灿荣做客，幸运的是出于工作采访的需要，五场活动我都有亲临现场，并担任了郭妮、简平两位作家分享会的主持人。

2024年2月2日上午，六小龄童纪念父亲六龄童的新书《金猴宗师》发布会还未开始，钟书阁大门前便挤满了粉丝、读者。"这本书是非常有意义的，吴承恩赋予了孙悟空生命，六小龄童老师则赋予了孙悟空灵魂。现在，这本书上有了'美猴王'的签名，意义非凡。"在现场，多名粉丝均表示"来值了"。

六小龄童现场图

当六小龄童从我身边经过，我竟也有些许激动：这伴随童年的电视剧里的人物，居然出现在了我的面前，我不由得感叹"也许这就是钟书阁存在的魅力吧！"

2月3日上午，作家简平携编年体散文随笔集《承蒙关照》《最后一只蝴蝶》做客钟书阁，我担任了这场分享会的主持人，他对我讲："一位读者与我交谈时泪流满面，因为我所叙述的我和我母亲的故事让她产生了强烈的共鸣和共情，使我非常感动，真切地感受到徐州有这么好的阅读氛围，这么好的读者，这真是作家的幸运。"诚然，能有这么一个互动交流的平台，更是读者、作家的幸运。

2月3日中午，郭妮携《阿多拉基》《狩梦奇航》来此做客。郭妮是一位喜爱用文字舞蹈的青少年作家，在分享自己创作心得中，她为读者带来了《时光的河》《星之所向》《等待》等三首原创吉他歌曲演奏。"一个故事创作 10 年，更改 2000 多张图稿"，郭妮也向读者分享：人生是我们最重要的作品，愿梦想照亮生命中的每一个夜晚。

2月3日下午，"馒头大师"张玮以"读懂过去 活好当下"为主题，在钟书阁分享了《历史的温度》系列书籍。七年，七本书。"馒头大师"一套《历史的温度》系列，让当代的一群年轻人爱上历史，爱上人文社科，甚至选择去走这条道路，去传承传统文化。"不是每个人都有精彩故事的，但和家人在一起的故事，再平淡也是精彩的。""馒头大师"张玮讲，历史在，温度也在。读懂过去，活好当下，坦面未来，我们每个人，都在书写属于我们自己的历史，融汇在一起，才是时代的历史。

徐州钟书阁，城市必要且浪漫的注脚

直至活动结束，我才真正地慢下步伐参观钟书阁，并不是选读某一本书，更不是为了走马观花。

进入书店的大门便是咖啡区，仿佛是一瞬间从繁华的街区

作者与作家简平合照 右一为作者

郭妮现场图

张玮现场图

钟书阁徐州店

水吧台

咖啡区

咖啡区

巨大螺旋书架

一楼概念区

进入了另一种秘境。在这里可以让步履与思维都歇息片刻，书香和咖啡的味道交融，自己仿佛成了一个摆钟，在此刻放空自己。

再往里走，映入眼帘的就是巨大螺旋书架。螺旋纽带般的红色巨型艺术装置，既承载着上千册书籍的重量，也象征深沉

儿童读物区

历史之阶梯。这里似乎就是传说中"天宫的藏书阁",落至人间,就成了钟书阁徐州店的样子。

据钟书阁徐州店运营人员介绍,钟书阁建筑设计解构传统建筑形式,将汉风的细节藏匿于现代元素中。从书架到书屿将楚风汉韵融为一身。通过曲与直的线面结合将古人天圆地方的宇宙观融入这一方阅读空间。无比夺目的巨大银色旋梯可通往二楼,透过透明的玻璃是多个小型包间,为读者构建了一个又一个安静舒心的读书、聊天交友的场所。

下楼后,靠近后门处是儿童读物区,五彩斑斓的色调搭配,为小读者构建一个多彩的阅读空间。

参观完钟书阁徐州店,我不禁感慨:如果说新盛云东文化街区串起了整条历史文脉的商业发展,由此往北串起回龙窝历史文化街区、户部山、文庙街区等文化商业街区,在不失古韵的前提下,衍生出徐州乃至整个淮海经济区的繁华地带;那么徐州钟书阁,无疑是在多种表现形式上丰满了历史文脉的文化底蕴。

在形式上,它是一座"看得见、摸得着"的实体文化书店,可以让读者领略上海书业在时代大潮中的锐意改革和勇于创新。钟书阁徐州店以一种全新的、前卫的,既迎合大众的冷媒介阅读,又注重"网红文化""圈子文化""传播文化"的姿态,屹立在徐州历史文脉最南端。

它还是无形的徐州文化的支撑点,是了解徐州,了解彭祖文化、两汉文化、运河文化、红色文化、宗教文化、东坡文化的一个基站。也正如作家简平在活动中所言:我相信,以后会

外摆区

徐州云龙湖夜景

有很多的作家乐意来这里直接与读者见面、聊天、探讨，这是一件非常美好的互相成就的事情。我同样坚信，正是有了于彭城七里文脉之首的钟书阁，一位位作家来此分享互动，文化进行碰撞和交融，才会更好地掀起 5000 年徐州书香文化，推动淮海经济区文化层面的高质量发展。

钟书阁徐州店

地址：江苏省徐州市云龙区云东路 2 号云东文化街区 133 号

公司名称：徐州市新盛云东印巷商业管理有限公司

开业时间：2024 年 2 月 6 日

店铺面积：1500 平方米

员工人数：10 人

营业时间：10:00—22:00

联系方式：0516-85881213

后 记

◆ 汪耀华

　　自从 1903 年商务印书馆结束在汉口设立分馆开始，中国近现代从上海诞生的中华书局、世界书局、大东书局、开明书店乃至生活书店、读书出版社和新知书店几乎都是一个师傅教出来的，大凡在上海扎下根、稳基础之后，都会迅速向内地发展，通过开设分支机构建立自己的分销中心，同时也或通过联营、合伙、互换等方式拓宽经营范围。那时的分支机构基本上做两件事：一是打开教科书市场，围绕当地教育管理机构、学校游说推荐自家的教科书，拉关系、找门路、喝酒送礼也是个个在行。因为那时的教科书使用权在当地教育机构或者校长、教导主任手中，所以赞助学校活动、赠送教学用具也是常态。另外就是开设门店既做零售批发也做迎来送往等。经过三十多年的开开关关，最终在 1951 年并入中国图书发行公司、1954 年就地归属新华书店，结束异地开店、直接营销的格局。

　　改革开放后，新华书店一网打通的独家经营模式被打破，一些原本是"一伙"的各个省级新华书店开始走新路，异地开店重现江湖，如上海新华书店 2003 年 12 月在西安进行书城管理模式输出，与一家民企合作开设 5000 平方米的中山书城，人家出场地上海做管理，2007 年 9 月因歇业而彼此分手。2007 年 2 月，上海新华传媒在苏州开设连锁经营的绿宝店、2008 年 1 月在宜兴开设的新天地书城，经营时间都不长。2005 年，浙江新华书店直接在上海购置楼盘开设博库书城（近年，在装修和调整中，期待重启）。一些民企更是放开手脚，如南京的大众书局在上海还有 5 家店，从重庆起家的西西弗已经开了 100 多家店、在上海也有 26 家门店。这些由个案连接起来的操作，似乎与百年前的商务印书馆相似，只是教科书的经营权依然在当地新华书店手中，尽管也曾试过招标之类。

近些年，上海在外地开设分支机构，存在着、经营着的是从 2016 年钟书阁启程的，有钟书阁、上海三联书店、朵云书院、大隐书局、新华文创·光的空间五家，这轮异地经营已经没有上海新华书店的身影了。目前，在异地经营着的书店共有 35 家，其中，钟书阁 23 家、上海三联书店 5 家、朵云书院 3 家、大隐书局 3 家、新华文创·光的空间 1 家。这些书店基本上都曾是当地的网红店、打卡的集中点。

2023 年 10 月，上海市书刊发行行业协会发出《"上海书香 N 个样本"征文启事》，期待通过当地媒体业者、作家、书店同事等以所在书店为话题撰文，解读上海书香、阅读生活的人生快乐。

我们的约稿，在各家公司总部领导的支持下，各家书店店长积极寻找作者并自己将美好书店拍照与文章互补。由于沟通和交流的限制，有些文章略显空荡，但因为有照片和文末的资料组合，加上编辑的用功和各家公司领导的审阅，我们还是从设想、计划、收集、编辑、退修等层层推进，实现了"一店不缺"。我们不知道这些书店终究能够开设多久，但因为我们一起努力地记录，这是一件很愉悦的事情。

我们留存并传播这些书店现在的美好。虽然，因为房东的资本运作考量、租期、租金，当地阅读空间的更迭乃至政府的支持力度等，都会影响书店的存在周期。这种变化，使得书店此存彼消、关关停停成为新时尚。一家网红书店、一家颜值书店，如果在二三年内不能自身造血自负盈亏，那大概率生存能力不足。我们既佩服那些可以品牌输出、可以异地复制的书店曾经的前赴后继，明明知道从生意的角度难以圆梦，但因为一种信仰和前辈遗存的荣耀，努力地扩展疆域。面对现实，我们依然感谢这些践行者，为当地民众敞开了大书房，总有人会因此而获益。如何在没有教科书和原始物业的支撑下，即便有着"交钥匙工程"而能一天天进步、一年年盈利，是业界梦寐以求的事，存在的都有其合理性。假如因为一家异地经营成功的书店给当地同业激发了活力而使书业获得新生，那么若干年后总也会有人记得历史发展进程中的点点滴滴的。而我们现在编的这本书，便是一种记载，一种对于"书香中国"的诠释。

书店的多元，因为政府的明智和业者的智慧，无论何种体制何种体系，只要书多而且符合胃口还能邂逅并聆听作者的心声，虽然定价制没有降价优势，但总是一件令业界自豪的事情。或许我们现在的经营者，还不大知晓我们只是重复着百年前异地开设分支机构的往事。但无论如何，开店并坚持着，本身就是一种传承，一种书业自近现代以来的更迭。我们感佩这些经营者，以自身的力量创造着美好书店，如果政府各级部门在贯彻落实"书香中国"的进程中能锦上添花地予以鼓励，那就更加有效了。一本书，因为阅读而显示价值；一家书店，可以点亮读书人的生活。作为业者，唯有面对困境而继续前行，才能造福于大众并自身获得快乐！

本书的组稿、在"上海书展"微信公众号的发布，都有赖同事刘智慧的努力。感谢忻愈、曾原、刘捷、殷亚平等的鼓励和支持。

2024 年 4 月 14 日

图书在版编目（CIP）数据

上海书香35个样本 / 汪耀华主编. —上海：上海三联书店，2024.8.
——ISBN 978-7-5426-8599-5

Ⅰ.G239.275.1

中国国家版本馆CIP数据核字第20245SJ853号

上海书香35个样本

主　　编 / 汪耀华
责任编辑 / 殷亚平
封面设计 / 王　蓓
内页设计 / 徐　徐
监　　制 / 姚　军
责任校对 / 王凌霄
出版发行 / 上海三联书店
　　　　　（200041）中国上海市静安区威海路755号30楼
邮　　箱 / sdxsanlian@sina.com
联系电话 / 编辑部：021-22895517
　　　　　发行部：021-22895559
印　　刷 / 上海雅昌艺术印刷有限公司

版　　次 / 2024年8月第1版
印　　次 / 2024年8月第1次印刷
开　　本 / 787mm×1092mm　1/32
字　　数 / 180 千字
印　　张 / 9.25
书　　号 / ISBN 978-7-5426-8599-5 / G·1732
定　　价 / 88.00元

敬启读者，如发现本书有印装质量问题，请与印刷厂联系021-68798999